改訂版

テキスト
韓国語

金 河

大学教育出版

はじめに

　このテキストは、韓国語の勉強をはじめた初心者を対象にしたものです。韓国語は文字が難しいため、慣れるまで時間がかかります。このような言語の特徴を踏まえて、誰でも韓国語を易しく、楽しく覚えられるということに重点を置き、本書の構成を以下のようにしました。

1．文字・発音：繰り返し練習することが大切です。そのために、各課に「会話文」の他、「トレーニング」を設け、読み書き練習をしながら学習した内容を着実に覚えられるように工夫しています。

2．会話文：日本人と韓国人が出会った場面を設定し、最も基本的な単語や表現を覚えていきます。

3．「キーポイント」：無理なく勉強できる最小範囲の文法を整理し、会話文に出ている基本表現をマスターします。

4．「トレーニング」：練習問題を通して、学んだ内容を再確認し、会話の基礎を固めます。

5．コラム：コラム欄を設け、韓国語、韓国文化への理解を深めます。

　このテキストを通して、学習者が韓国語に興味を持ち、韓国語の読み書きや韓国人との簡単な会話ができるようになり、隣国である韓国に対する理解がより深まることを願っております。
　最後に、このテキストの出版にあたり、ご協力してくださった方々、そしていつも温かく見守り励ましていただいた両親にこの場を借りて、心から感謝の意を申し上げます。

著者

目　次

- 第1課　韓国語 …………………………………………………………………… 1
  - ・言語の名称
  - ・文字の成立
  - ・使用人口
  - ・韓国語と日本語
  - ・文字の仕組み
  - ・コラム 1　韓半島（朝鮮半島）

- 第2課　안녕하세요? こんにちは。 ………………………………………………… 5
  - ・基本母音 10 個
  - ・トレーニング

- 第3課　안녕히 가세요. さようなら。 ……………………………………………… 9
  - ・基本子音 9 個
  - ・トレーニング
  - ・総合練習問題 1
  - ・コラム 2　韓国の学校事情

- 第4課　잘 가요. お気をつけて。 …………………………………………………… 15
  - ・激音 5 個
  - ・トレーニング

- 第5課　고마워요. ありがとうございます。 ……………………………………… 19
  - ・濃音 5 個
  - ・トレーニング
  - ・総合練習問題 2
  - ・コラム 3　人の呼び方

- 第6課　미안해요. ごめんなさい。 ………………………………………………… 25
  - ・合成母音 11 個
  - ・トレーニング

- 第7課　축하해요. おめでとうございます。 ……………………………………… 29
  - ・パッチム

・トレーニング

第8課 日本語のハングル表記 ………………………………… 33
    1. 日本語のハングル表記
    2. 書き方の注意点
    3. 辞書の調べ方
    4. パソコンでハングルを入力してみよう
    ・総合練習問題 3
    ・コラム 4 韓国の相撲

第9課 다나카 에리입니다. 田中エリです。 ………………………………… 39
    ・キーポイント
        Ⅰ．丁寧形語尾〜입니다「〜です」
        Ⅱ．疑問を表す〜입니까「〜ですか」
        Ⅲ．助詞〜은/는「〜は」
    ・トレーニング

第10課 회사원이 아닙니다. 会社員ではありません。 ………………………………… 43
    ・キーポイント
        Ⅰ．助詞〜이/가「〜が」
        Ⅱ．指定詞の否定形〜이/가 아닙니다「〜ではありません」
        Ⅲ．否定の疑問形〜이/가 아닙니까「〜ではありませんか」
    ・トレーニング

第11課 이거 뭐예요? これ何ですか。 ………………………………… 47
    ・キーポイント
        Ⅰ．指示詞
        Ⅱ．〜예요/이에요「〜です（か）」
        Ⅲ．〜이/가 아니에요「〜ではありません（か）」
    ・トレーニング
    ・総合練習問題 4
    ・コラム 5 家族・親族の呼び方

第12課 편의점이 있어요? コンビニありますか。 ………………………………… 53
    ・キーポイント

Ⅰ．存在表現

　　　　Ⅱ．助詞～도「～も」

　　　　Ⅲ．助詞～에「～に」

　・トレーニング

第13課 숙제를 해요. 宿題をします。……………………………………… 57

　・キーポイント

　　　　Ⅰ．曜日や日時に関する言葉

　　　　Ⅱ．助詞～을/를「～を」

　　　　Ⅲ．助詞～에서「～で」、「～から」

　・トレーニング

　・総合練習問題5

　・コラム6 年齢の数え方、尋ね方

第14課 누구를 좋아합니까? 誰が好きですか。……………………………… 63

　・キーポイント

　　　　Ⅰ．～을/를 좋아합니다「～が好きです」

　　　　Ⅱ．用言の丁寧形 語幹＋ㅂ니다/습니다（까？）「～ます(か)・です(か)」

　　　　Ⅲ．助詞～와/과,하고「～と」

　・トレーニング

第15課 얼마예요? いくらですか。………………………………………… 67

　・キーポイント

　　　　Ⅰ．漢数詞

　　　　Ⅱ．月の言い方

　　　　Ⅲ．電話番号と学年の言い方

　・トレーニング

　・総合練習問題6

　・コラム7 韓国の記念日

第16課 한국에 가요. 韓国に行きます。…………………………………… 73

　・キーポイント

　　　　Ⅰ．用言の打ち解けた丁寧形　語幹＋아요/어요/해요「～ます(か)・です(か)」

　・トレーニング

目　次

第17課 몇 시에 일어나요? 何時に起きますか。……………………………… 77
- キーポイント
  - Ⅰ．固有数詞
  - Ⅱ．時間表現
  - Ⅲ．助詞～부터, ～까지「～から、～まで」
- トレーニング
- 総合練習問題7
- コラム8 韓国の旧正月

第18課 맵지 않아요? 辛くありませんか。……………………………… 83
- キーポイント
  - Ⅰ．動詞・形容詞の否定
  - Ⅱ．用言の語幹＋지만「～が、～けれども」
- トレーニング

第19課 어제 뭐 했어요? 昨日何をしましたか。…………………………… 87
- キーポイント
  - Ⅰ．用言の過去形　語幹＋았/었/했어요
  - Ⅱ．目的、意図を表す～러/으러「～（し）に」
- トレーニング
- 総合練習問題8
- コラム9 韓国のキムチ文化

第20課 쇼핑하고 싶어요. ショッピングしたいです。 …………………… 93
- キーポイント
  - Ⅰ．希望を表す～고 싶다「～が～（し）たい」
  - Ⅱ．容認の表現　아/어形＋도 돼요　「～てもいいです（か）」
  - Ⅲ．助詞　～한테, ～에게, ～께　　「～（人）に」
- トレーニング

第21課 열어 보세요. 開けてみてください。 ……………………………… 97
- キーポイント
  - Ⅰ．語幹＋아/어/해 주세요「～（し）てください」

　　　　　　　　語幹＋아/어/해 보세요「〜（し）てみてください」
　　　　Ⅱ．丁寧なニュアンスを加える助詞〜요「〜です」
・トレーニング

第22課 무슨 일을 하세요? どんなお仕事をされますか。 ……………………101
・キーポイント
　　　　Ⅰ．尊敬語の活用（動詞）
　　　　Ⅱ．尊敬語の活用（名詞）
　　　　Ⅲ．尊敬語の特殊例
・トレーニング
・総合練習問題 9
・コラム 10 韓国の食文化

第23課 민속촌에 갈 거예요. 民俗村に行くつもりです。 ……………………107
・キーポイント
　　　　Ⅰ．「〜するつもりです」という意志や意図の表現　〜ㄹ/을 거예요
　　　　Ⅱ．「〜て」、「〜ので」、「〜して」という　〜아서/어서
　　　　Ⅲ．仮定や条件を表す　〜면/으면　「〜れば、〜と、〜たら」
・トレーニング

第24課 잘 못 써요. 上手く書けません。 ……………………111
・キーポイント
　　　　Ⅰ．「することができる」という可能の表現　　〜ㄹ/을 수 있다
　　　　Ⅱ．不可能の表現 못〜、　〜지 못하다
　　　　Ⅲ．用言の語幹＋네요　「〜ですね、〜ますね」
・トレーニング

付録
助詞のまとめ ……………………………………………………………………115
用言の活用表 ……………………………………………………………………116
発音のまとめ ……………………………………………………………………119
韓-日単語集 ……………………………………………………………………121
日-韓単語集 ……………………………………………………………………129

第1課　韓国語

言語の名称

　現在、韓半島は韓国（大韓民国）と北朝鮮（朝鮮民主主義人民共和国）という2つの国に分かれている。韓国と北朝鮮は同じ民族であるが、政治的な分断によって、韓国では韓国語、北朝鮮では朝鮮語と呼ばれているが、基本的には同じ言語である。日本では朝鮮半島の政治的な状況を考慮して朝鮮語、韓国語、コリア語、ハングルなど様々な名前で呼ばれている。しかし、「ハングル」は文字名称で言語を指す用語ではない。学術的には「朝鮮語」という名称が定着しているが、社会的には「韓国語」という名称が普及し、言語規範も多くは韓国のソウル標準語に従っているのが現状である。ここでは言語名を「한국어」（ハングゴ）（韓国語）に統一する。

文字の成立

　ハングルが作られたのは、朝鮮王朝第4代目の世宗とその指示を受けた「集賢殿」（ジプヒョンジョン）という研究機関の学者たちによって、1443年に完成された。文字の名称は訓民正音（フンミンジョンウム）（民衆を教える正しい文字）と命名され、ハングルを制定したときに頒布された解説本である『訓民正音』は、ユネスコの世界記録遺産の指定を受けている。ちなみに「ハングル」とは20世紀に入ってから使われ始めた名称で、「ハン」は偉大な、大きい、「グル」は文字という意味である。

使用人口

　韓国語が使われている地域は、韓国（約4,700万人）や北朝鮮（約2,300万人）の他に、日本（約60万人）、中国、アメリカ、ロシア、カナダなどにも母語話者がいる。全世界で使用されているおおよその使用人口は8,000万人を超えると考えられる。

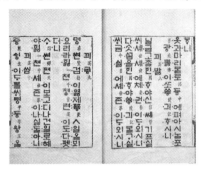 

上図左　『月印千江之曲』朝鮮初期ハングルの変遷がわかる書物（1447〜1449年に刊行）

上図右　『釈譜詳節』巻六（世宗が昭憲王后の冥福のために首陽大君に命じてハングルで翻訳した仏教経典である）

韓国語と日本語

韓国語は日本語と同じく膠着語で、文法要素（助詞、助動詞など）が自立語（名詞、動詞、形容詞など）の後に、膠で貼りつけられたようについていく。したがって文法は日本語に酷似し、語彙さえ入れ替えれば、日本語になるほどである。

以下、両言語の類似点を簡単にまとめる。

1. 語順が日本語とほぼ同じ

語順は日本語とほとんど一致し、体言に助詞を付けたり、用言の語幹に活用語尾を付けたりして文を作る。

저는 학교에 갑니다. (チョヌン　ハッキョエ　カムニダ)
私は 学校に 行きます。

2. 敬語が存在する。

韓国語にも丁寧語・尊敬語・謙譲語があり、相手の身分や年齢によって厳格に使い分けられる。ただし、日本語のように、身内か否かによって尊敬語の使用を変えることなく、両親や上司など自分より目上の人を話題にする場合、誰の前でも尊敬語を使う絶対敬語である。

교수님은 계십니까? (キョスニムン　ケシムニッカ)
教授（様）は いらっしゃいますか。
아버지가 계십니다. (アボジガ　ケシムニダ)
父が いらっしゃいます。

3. 漢字語の意味はほとんど同じ。発音がとても似ていることもある。

漢字に由来するハングルの語彙が多く、発音がそっくりなこともある。

고속　도로　（コソク　トロ）　　　자판기（チャパンギ）
高速　道路　　　　　　　　　　　自販機

4. 日本語と同じく、コノ、ソノ、アノのような指示語の体系が「近・中・遠」の三系列である。

この—이（イ）　　　その—그（グ）　　　あの—저（チョ）

第1課　韓国語

文字の仕組み

　韓国語は、音を表す「表音文字」で、子音と母音を組み合わせて表記する。現代語は子音19、母音21よりなる。母音終わりの音節のほかに、子音終わりの音節がある。この終声子音をパッチムという。

1. 左右の組み合わせ

ㅅ s ＋ ㅏ a ＝ 사 sa

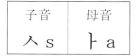

3. 左右の組み合わせ＋パッチム

ㄹ l ＋ ㅏ a ＋ ㅁ m ＝ 람 lam

2. 上下の組み合わせ

ㅁ m ＋ ㅗ o ＝ 모 mo

4. 上下の組み合わせ＋パッチム

ㄷ t ＋ ㅗ o ＋ ㄴ n ＝ 돈 ton

コラム1

한반도　韓半島（朝鮮半島）

第2課 안녕하세요? こんにちは。
<small>アンニョンハセヨ</small>

語句

안녕하세요? （アンニョンハセヨ）　おはようございます、こんにちは、こんばんは

네 （ネ）　はい

会話の訳と解説

☆「안녕하세요?」（アンニョンハセヨ）は「おはようございます、こんにちは、こんばんは」の意味を表すが、その日に初めて会った時にだけ使う。年齢が近くて親しい若い人同士の間では、出会いや別れに「안녕!」（アンニョン）と言う。

基本母音 10 個

基本母音 10 個について学ぶ。子音の位置に「○」をつけて発音要領を覚えることにする。

文字	発音	説明	書き順	練習
ㅏ	아 [a]	「ア」とほとんど同じ		
ㅑ	야 [ja]	「ヤ」とほとんど同じ		
ㅓ	어 [ɔ]	「ア」の口構えで「オ」		
ㅕ	여 [jɔ]	「ヤ」の口構えで「ヨ」		
ㅗ	오 [o]	口を突きだして「オ」		
ㅛ	요 [jo]	口を突きだして「ヨ」		
ㅜ	우 [u]	口を突きだして「ウ」		
ㅠ	유 [ju]	口を突きだして「ユ」		
ㅡ	으 [ɯ]	「イ」の口構えで「ウ」		
ㅣ	이 [i]	「イ」とほとんど同じ		

第 2 課　안녕하세요? こんにちは。

トレーニング

1 文字を書いてみよう。

ㅏ	ㅑ	ㅓ	ㅕ	ㅗ	ㅛ	ㅜ	ㅠ	ㅡ	ㅣ
아	야	어	여	오	요	우	유	으	이

2 発音しながら書いてみよう。

오 이 (きゅうり)				
이 유 (理由)				
여 유 (余裕)				
우 유 (牛乳)				
아 이 (子供)				

3 単語を読んでみよう。

　　　　　① 이(二)　　　　　② 오(五)

　　　　　③ 아야(痛い！)　　④ 오이(きゅうり)

　　　　　⑤ 아이(子供)　　　⑥ 우유(牛乳)

　　　　　⑦ 여우(きつね)　　⑧ 여유(余裕)

4 母音を比較しながら発音してみよう。

　　　　　① (아, 어)　　　　② (야, 여)

　　　　　③ (어, 오)　　　　④ (오, 우)

　　　　　⑤ (요, 유)　　　　⑥ (으, 이)

　　　　　⑦ (여, 어)　　　　⑧ (우, 이)

覚えてみよう

　　안녕하십니까?アンニョンハシムニカ
　　　　おはようございます。こんにちは。こんばんは。
　　안녕하세요?アンニョンハセヨ
　　　　おはようございます。こんにちは。こんばんは。
　　안녕!アンニョン
　　　　やあ。

第3課 안녕히 가세요. さようなら。

語句

안녕히　お元気に、ご無事で

가세요　お行きください

会話の訳と解説

안녕히 가세요.　　さようなら（お気をつけて）

네, 안녕히 가세요.　ええ、さようなら（お元気で）

☆人と別れる場合、その場を離れて行く人には「안녕히 가세요」、その場に居

残る人には「안녕히 계세요」と言う。

基本子音9個

基本子音9個について学ぶ。子音に母音「ト」をつけて発音要領を覚えることにする。

文字	発音	説明	書き順	練習
ㄱ	가 [ka/ga]	語頭では日本語の「カ」行の子音と、語中では「ガ」行の子音と同じように発音		
ㄴ	나 [na]	日本語の「ナ」行の子音と同じように発音		
ㄷ	다 [ta/da]	語頭では日本語の「タ」行の子音と、語中では「ダ」行の子音と同じように発音		
ㄹ	라 [ra/la]	日本語の「ラ」行の子音と同じように発音（初声では「r」、終声では「l」）		
ㅁ	마 [ma]	日本語の「マ」行の子音と同じように発音		
ㅂ	바 [pa/ba]	語頭では日本語の「パ」行の子音と、語中では「バ」行の子音と同じように発音		
ㅅ	사 [sa]	日本語の「サ」行の子音と同じように発音		
ㅇ	아 [a]	初声の子音は無音で、母音だけを発音		
ㅈ	자 [tʃa/dʒa]	語頭では日本語の「チャ」行の子音と、語中では「ジャ」行の子音と同じように発音		

第 3 課 안녕히 가세요. さようなら。

トレーニング

1 文字を書いてみよう。

ㄱ	ㄴ	ㄷ	ㄹ	ㅁ	ㅂ	ㅅ	ㅇ	ㅈ
가	나	다	라	마	바	사	아	자

2 文字を書いてみよう。

ㄱ	+	ㅑ	=	갸		ㄴ	+	ㅓ	=	
ㄷ	+	ㅕ	=			ㄹ	+	ㅗ	=	
ㅁ	+	ㅛ	=			ㅂ	+	ㅜ	=	
ㅅ	+	ㅠ	=			ㅈ	+	ㅡ	=	

3 単語を発音しながら書いてみよう。

① 나（私）			
② 저（わたくし）			
③ 가스（ガス）			
④ 가수（歌手）			
⑤ 뉴스（ニュース）			
⑥ 지리（地理）			
⑦ 요리（料理）			
⑧ 주스（ジュース）			
⑨ 도시（都市）			
⑩ 무시（無視）			

4 aとbを比較しながら発音してみよう。
　　① a. 우 리（私たち）　　b. 다 리（足、橋）
　　② a. 뉴 스（ニュース）　b. 주 스（ジュース）
　　③ a. 교 수（教授）　　　b. 가 수（歌手）

覚えてみよう

　　　안녕히 가세요. アンニョンヒ　カセヨ
　　　　　さようなら。（その場を去って行く人に）
　　　안녕히 계세요. アンニョンヒ　ケセヨ
　　　　　さようなら。（その場に居残る人に）
　　　수고하셨습니다. スゴハショッスムニダ
　　　　　お疲れ様でした。

第3課 안녕히 가세요. 사요우나라.

総合練習問題1

1 次の単語を読んで、発音を日本語で書いてみよう。

①	시오		②	나미	
③	아니		④	모노	
⑤	누노		⑥	아오	
⑦	아유		⑧	이요이요	

2 次の韓国語の単語を右にある日本語の意味とつなげてみよう。

여유　　　　　道路
이유　　　　　有料
무시　　　　　無料
무료　　　　　余裕
유료　　　　　理由
도로　　　　　無視

3 次の表を完成させながら、読んでみよう。

아	이	우	에(エ)	오
	기		게	
사		스	세	소
	니		네	
마			메	모
라			레	

コラム 2

韓国の学校事情

　한국(韓国)은 초등학교(初等学校) 6 年、중학교(中学校) 3 年、고등학교(高等学校) 3 年、대학교(大学校) 3 年의 6・3・3・4 制で日本(日本)と同じである。

「초등학교(初等学校)」「중학교(中学校)」「고등학교(高等学校)」「대학교(大学校)」が日本(日本)の小学校・中学校・高等学校・大学にあたる。

　한국(韓国)의 대학(大学)の前期授業は日本(日本)の大学(大学)よりも 1 か月早い 3 月から始まり 7 月までとなっており、後期の授業は 9 月から 12 月までとなっている。졸업식(卒業式)は 2 月半ば頃に行われる。

　대학교(大学校)入学シーズンになると、동아리(サークル)活動の勧誘が活発に行われる。また、同じ科の담당교수(教授)と선배(先輩)、신입생(新入生)が 1 泊 2 日で郊外に行く엠티(MT)という신입생(新入生)オリエンテーションと歓迎会の行事が行われる。

　한국(韓国)は日本(日本)以上に学歴社会のために、何度も浪人を繰り返してようやく入学する学生も少なくない。こうした理由から大学(大学)に在籍している학생(学生)の平均年齢は日本(日本)より高い大学(大学)がほとんどである。

第4課 잘 가요. お気をつけて。

語句

잘　よく、気を付けて　　　　가요　行ってね

또　また　　　　　　　　　　만나요　会いましょう

会話の訳と解説

☆「잘 가요」のように文末に「〜요」が付くと遠慮のある相手にやや丁寧に言うお礼の表現である。それに対し、遠慮のない相手には「〜요」を取って「잘 가」と言う。「또 만나요」も同じく遠慮のない相手には「〜요」を取って「또 만나」,「또 봐」と言う。

激音５個

激音５個について学ぶ。激音は、息を強く吐き出すように発音する。母音「ㅏ」をつけて発音要領を覚えることにする。

文字	発音	説明	書き順	練習
ㅊ	차 [cha]	日本語の「チャ」行の発音をしながら、息を強く吐き出すようにする		
ㅋ	카 [ka]	日本語の「カ」行の発音をしながら、息を強く吐き出すようにする		
ㅌ	타 [ta]	日本語の「タ」行の発音をしながら、息を強く吐き出すようにする		
ㅍ	파 [pa]	日本語の「パ」行の発音をしながら、息を強く吐き出すようにする		
ㅎ	하 [ha]	日本語の「ハ」行と同じように発音		

やってみよう

ティッシュを口の前にかざして、「フッ」と息をかけるとティッシュがパサッとまくりあがる。その息の出し方が激音の息の出し方である。

第4課　잘 가요. お気をつけて。

トレーニング

1 文字を書いてみよう。

	ㅏ	ㅑ	ㅓ	ㅕ	ㅗ	ㅛ	ㅜ	ㅠ	ㅡ	ㅣ
ㅊ										
ㅋ										
ㅌ										
ㅍ										
ㅎ										

2 次の文字を発音しながら、子音の形を覚えよう。

① 아 - 하　　　② 가 - 카

③ 나 - 라　　　④ 나 - 다 - 타

⑤ 마 - 바 - 파　　⑥ 사 - 자 - 차

3 単語を発音しながら書いてみよう。

① 커피 (コーヒー)			
② 노트 (ノート)			
③ 파티 (パーティー)			
④ 기차 (汽車)			
⑤ 치즈 (チーズ)			
⑥ 치료 (治療)			
⑦ 호주 (オーストラリア)			
⑧ 후보 (候補)			
⑨ 다이어트 (ダイエット)			
⑩ 스커트 (スカート)			

4 aとbを比較しながら発音してみよう。
　　① a. 카　　　　　　b. 타
　　② a. 기차 (汽車)　　b. 기자 (記者)
　　③ a. 표지 (表紙)　　b. 휴지 (ちり紙)
　　④ a. 커피 (コーヒー)　b. 코피 (鼻血)

覚えてみよう

　　　감사합니다. カムサハムニダ
　　　　　ありがとうございます。
　　　천만에요. チョンマネヨ
　　　　　どういたしまして

第 5 課 고마워요. ありがとうございます。

語句

고마워요　ありがとうございます

아니에요　いいえ、どういたしまして

会話の訳と解説

☆友達同士など気の置けない仲では「고마워요」の「~요」を取って

「고마워」と言う。

「아니에요」の場合は「아냐」と言う。

濃音５個

濃音５個について学ぶ。濃音は、喉に力を入れて息を漏らさないように発音する。母音「ト」をつけて発音要領を覚えることにする。

文字	発音	説明	書き順	練習
ㄲ	까 [ʔka]	「ガッカリ」の「ッカ」に近い音		
ㄸ	따 [ʔta]	「メッタニ」の「ッタ」に近い音		
ㅃ	빠 [ʔpa]	「キッパリ」の「ッパ」に近い音		
ㅆ	싸 [ʔsa]	「アッサリ」の「ッサ」に近い音		
ㅉ	짜 [ʔtʃa]	「ポッチャリ」の「ッチャ」に近い音		

下線を引いている仮名の発音を比べてみよう。

<u>か</u>おり/<u>カ</u>メラ/がっ<u>か</u>り　　　<u>た</u>び/<u>タ</u>クシー/ばっ<u>た</u>り

<u>バ</u>ス/<u>パ</u>ス/さっ<u>ぱ</u>り　　　あ<u>さ</u>/あっ<u>さ</u>り

<u>じ</u>まん/<u>チャ</u>ンス/うっ<u>ちゃ</u>り

第5課　고마워요. ありがとうございます。

トレーニング

① 文字を書いてみよう。

가			카			까		
다			타			따		
바			파			빠		
사			―			싸		
자			차			짜		

② 文字を書いてみよう。

	ㅏ	ㅑ	ㅓ	ㅕ	ㅗ	ㅛ	ㅜ	ㅠ	ㅡ	ㅣ
ㄲ										
ㄸ										
ㅃ										
ㅆ										
ㅉ										

3 単語を発音しながら書いてみよう。

① 씨（〜さん）			
② 띠（〜年、干支）			
③ 싸다（安い）			
④ 아빠（パパ、お父ちゃん）			
⑤ 꼬마（ちびっ子）			
⑥ 아까（さっき）			
⑦ 뽀뽀（キス）			
⑧ 아저씨（おじさん）			
⑨ 오빠（女性から見た兄）			
⑩ 짜증나다（イライラする）			

4 aとbを比較しながら発音してみよう。

① a. 까 b. 카
② a. 노트（ノート） b. 코트（コート）
③ a. 아가（坊や） b. 아까（さっき）
④ a. 토끼（ウサギ） b. 도끼（斧）

覚えてみよう

　　　잘 먹겠습니다. チャル モクケッスムニダ
　　　　いただきます。
　　　잘 먹었습니다. チャル モゴッスムニダ
　　　　ごちそうさまでした。

第5課　고마워요. ありがとうございます。

総合練習問題2

1　次の単語を発音しながら書いてみよう。

치료	보리차	뽀뽀	가짜	소주	싸다
治療	麦茶	キス	偽物	焼酎	安い

2　次の韓国語の単語を右にある日本語の意味とつなげてみよう。

찌개　　　　　　　パーマ
피아노　　　　　　マート
크리스마스　　　　チゲ
마트　　　　　　　ピアノ
파마　　　　　　　クリスマス
노트　　　　　　　ノート
티셔츠　　　　　　カード
커피　　　　　　　バナナ
바나나　　　　　　コーヒー
카드　　　　　　　Ｔシャツ

コラム３

人の呼び方

韓国人に呼び掛ける場合、相手との上下関係、相手の社会的地位、親しさの度合いなどによって呼び方が変化する。

相手との関係	呼び方
〜씨（〜さん） 初対面や親しくない相手に対する丁寧な呼び方	フルネーム＋씨 박영미 씨（朴英美さん）
〜씨（〜さん） 同年輩か年下でそれほど親しくない	下の名前＋씨 영미 씨（英美さん）
〜님（〜様） 上司や尊敬すべき人、目上の人	姓＋職位＋님 김 선생님（金先生） 박 사장님（朴社長）
〜야/아 友人や年下	パッチムのない名前＋야 영미야（ねえ、ヨンミちゃん）
	パッチムのある名前＋아 영민아（おい、ヨンミン）
やや年上の人と親しくなった場合	오빠（女性が年上の男性に） 언니（女性が年上の女性に） 형（男性が年上の男性に） 누나（男性が年上の女性に）

第6課 미안해요. ごめんなさい。

語句

미안해요　ごめんなさい、すみません

괜찮아요　大丈夫です

会話の訳と解説

☆友達や遠慮のない相手には「미안해요」の「～요」を取って「미안해」と言う。「괜찮아요」の場合にも同じく「～요」を取って「괜찮아」と言う。

合成母音 11 個

合成母音は、基本母音の組み合わせでできた母音で、全部で 11 個ある。

文字	発音	説明	書き順
ㅐ	애 [ɛ]	ㅏ + ㅣ = ㅐ　あごを下に引くようにして「エ」と発音	
ㅒ	얘 [jɛ]	ㅑ + ㅣ = ㅒ　あごを下に引くようにして「イェ」と発音	
ㅔ	에 [e]	ㅓ + ㅣ = ㅔ　「エ」とほとんど同じように発音	
ㅖ	예 [je]	ㅕ + ㅣ = ㅖ　「イェ」とほとんど同じように発音	
ㅘ	와 [wa]	ㅗ + ㅏ = ㅘ　「ワ」とほとんど同じように発音	
ㅙ	왜 [wɛ]	ㅗ + ㅐ = ㅙ　「ウェ」とほとんど同じように発音	
ㅚ	외 [we]	ㅗ + ㅣ = ㅚ　「ウェ」とほとんど同じように発音	
ㅝ	워 [wɔ]	ㅜ + ㅓ = ㅝ　「ウォ」とほとんど同じように発音	
ㅞ	웨 [we]	ㅜ + ㅔ = ㅞ　「ウェ」とほとんど同じように発音	
ㅟ	위 [wi]	ㅜ + ㅣ = ㅟ　「ウィ」とほとんど同じように発音	
ㅢ	의 [ɯi]	ㅡ + ㅣ = ㅢ　「ゥイ」とほとんど同じように発音	

● 現在、「애」と「에」は、ほとんど区別せずに[エ]と発音される。

　「얘」と「예」も、ほとんど区別せずに[イェ]と発音される。

　「왜」、「외」、「웨」も、ほとんど区別せずに[ウェ]と発音される。

　ただし、文字は区別する。

第6課 미안해요. 고멘나사이.

トレーニング

1 母音を組み合わせて合成母音を作ってみよう。

ㅏ	+	ㅣ	=	
ㅑ	+	ㅣ	=	
ㅓ	+	ㅣ	=	
ㅕ	+	ㅣ	=	

ㅗ	+	ㅏ	=	
ㅗ	+	ㅐ	=	
ㅗ	+	ㅣ	=	

ㅜ	+	ㅓ	=	
ㅜ	+	ㅔ	=	
ㅜ	+	ㅣ	=	

2 次の韓国語の単語を右にある日本語の意味とつなげてみよう。

타워　　　　　　　クイズ

퀴즈　　　　　　　予備

메뉴　　　　　　　メニュー

예비　　　　　　　タワー

부주의　　　　　　超過

초과　　　　　　　不注意

3 発音しながら書いてみよう。

ㅐ	노래（歌）			
ㅒ	얘기（話）			
ㅔ	메뉴（メニュー）			
ㅖ	예비（予備）			
ㅘ	사과（リンゴ）			
ㅙ	왜（どうして）			
ㅚ	회사（会社）			
ㅝ	뭐（何）			
ㅞ	웨이터（ウェイター）			
ㅟ	취미（趣味）			
ㅢ	의미（意味）			

第7課 축하해요(チュカヘヨ). おめでとうございます。

語句

축하해요(チュカヘヨ)　おめでとうございます

감사해요(カムサヘヨ)　感謝します、ありがとうございます

会話の訳と解説

☆友達や遠慮のない相手には「축하해요(チュカヘヨ)」の「〜요(ヨ)」を取って「축하해(チュカヘ)」と言う。「감사해요(カムサヘヨ)」の場合にも同じく「〜요(ヨ)」を取って「감사해(カムサヘ)」と言う。

パッチム

　子音と母音が1つずつ合わさってできる文字のほかに、さらにその下に1つまたは2つの子音が来る文字がある。この下に来る子音のことを「パッチム」といい、パッチムとは「支えるもの」という意味である。

パッチムの種類		発音	説明	例
ン	ㄴ	안 [あn]	「あんない」の「あん」を意識し発音	안내 案内
	ㅁ	암 [あm]	「あんまり」の「あん」を意識し発音	암시 暗示
	ㅇ	앙 [あng]	「つぶあん」の「あん」を意識し発音	빵 パン
ッ	ㄷ	앋 [あt]	「あった」の「あっ」を意識し発音	곧 すぐに
	ㅂ	압 [あp]	「あっぱれ」の「あっ」を意識し発音	밥 ご飯
	ㄱ	악 [あk]	「あっけない」の「あっ」を意識し発音	박 朴
ル	ㄹ	알 [あℓ]	「アルファベット」の「アル」を一気に発音する時、舌先が上あごについたままで発音を止める	일본 日本

第7課 축하해요. おめでとうございます。

トレーニング

1 子音と母音を組み合わせて文字を作ってみよう。

ㅎ	+	ㅏ	+	ㄴ	=	
ㄱ	+	ㅜ	+	ㄱ	=	
ㅇ	+	ㅣ	+	ㄹ	=	
ㅃ	+	ㅏ	+	ㅇ	=	
ㄱ	+	ㅣ	+	ㅁ	=	
ㅈ	+	ㅣ	+	ㅂ	=	
ㅂ	+	ㅏ	+	ㄷ	=	

2 単語を書いてみよう。

한 국 (韓国)			
일 본 (日本)			
엄 마 (ママ)			
사 랑 (愛)			
잡 지 (雑誌)			

3 発音してみよう。
　　　① 일 (一)　　　　② 이 (二)
　　　③ 삼 (三)　　　　④ 사 (四)
　　　⑤ 오 (五)　　　　⑥ 육 (六)
　　　⑦ 칠 (七)　　　　⑧ 팔 (八)
　　　⑨ 구 (九)　　　　⑩ 십 (十)
　　　⑪ 십일 (十一)　　⑫ 십이 (十二)
　　　⑬ 이십 (二十)　　⑭ 백 (百)
　　　⑮ 월 (月)　　　　⑯ 일 (日)

4 パッチムに注意しながら発音してみよう。
　　　① a. 일 (一)　　　　　　b. 이 (二)
　　　② a. 어 제 (昨日)　　　　b. 언 제 (いつ)
　　　③ a. 사 랑 (愛)　　　　　b. 사 람 (人)
　　　④ a. 잡 채 (チャップチェ)　b. 잡 지 (雑誌)

覚えてみよう

　　　오랜만이에요. オレンマニエヨ
　　　　　久しぶりです。
　　　축하해요. チュッカヘヨ
　　　　　おめでとうございます。
　　　새해 복 많이 받으세요. セヘ　ポン　マニ　パドゥセヨ
　　　　　新年おめでとうございます。良いお年をお迎えください。

第8課 日本語のハングル表記

1. 日本語のハングル表記

ア行		아 이 우 에 오	パ行		파 피 푸 페 포
カ行	語頭	가 기 구 게 고	キャ行	語頭	갸 규 교
	語中・語末	카 키 쿠 케 코		語中・語末	캬 큐 쿄
サ行		사 시 수 세 소	シャ行		샤 슈 쇼
タ行	語頭	다 지 쓰 데 도	チャ行	語頭	자 주 조
	語中・語末	타 치 쓰 테 토		語中・語末	차 추 초
ナ行		나 니 누 네 노	ニャ行		냐 뉴 뇨
ハ行		하 히 후 헤 호	ヒャ行		햐 휴 효
マ行		마 미 무 메 모	ミャ行		먀 뮤 묘
ヤ行		야 유 요	リャ行		랴 류 료
ラ行		라 리 루 레 로	ギャ行		갸 규 교
ワ行		와 오	ジャ行		자 주 조
ガ行		가 기 구 게 고	ビャ行		뱌 뷰 뵤
ザ行		자 지 주 제 조	ピャ行		퍄 퓨 표
ダ行		다 지 즈 데 도			
バ行		바 비 부 베 보			

2. 書き方の注意点

日本語の固有名詞（人名・地名など）をハングルで書く場合は、次のような点に注意しよう。

① 韓国語では、長音は表記しない。
　　大阪（おおさか）[오사카]　　佐藤（さとう）[사토]
　　新潟（にいがた）[니가타]

② 促音の「っ」は「ㅅ」パッチムで表記する。
　　札幌（さっぽろ）[삿포로]　　服部（はっとり）[핫토리]

③ 「ん」は「ㄴ」パッチムで表記する。
　　本田（ほんだ）[혼다]　　富士山（ふじさん）[후지산]

④ 「カ・タ・キャ・チャ」行に限り、語頭と語中・語末の表記が違っている。語頭では平音、語中・語末では激音で表記する。濁音はすべて平音で表記する。
　　東京（とうきょう）[도쿄]　　小池（こいけ）[고이케]
　　香川（かがわ）[가가와]

ハングルで書いてみよう。

自分の名前 _____

学校名 _____

岡山 _____　　神戸 _____　　京都 _____

新宿 _____　　銀座 _____　　後楽園 _____

3. 辞書の調べ方

①初声字母をみる

辞書の子音字母の順は以下の配列になっている。

ㄱ→（ㄲ）→ㄴ→ㄷ→（ㄸ）→ㄹ→ㅁ→ㅂ→（ㅃ）
→ㅅ→（ㅆ）→ㅇ→ㅈ→（ㅉ）→ㅊ→ㅋ→ㅌ→ㅍ→ㅎ

②中声字母をみる

中声を表す母音字母を見る。辞書の母音字母の順は以下の配列になっている。

ㅏ→（ㅐ）→ㅑ→（ㅒ）→ㅓ→（ㅔ）→ㅕ→（ㅖ）→ㅗ→（ㅘ）→（ㅙ）
→（ㅚ）→ㅛ→ㅜ→（ㅝ）→（ㅞ）→（ㅟ）→ㅠ→ㅡ→（ㅢ）→ㅣ

③終声字母の有無を確認する

終声字母がない語が前に来る。つまり、「가 → 각 → 간」の順になる。辞書の終声字母の順は以下の配列になっている。

ㄱ→（ㄲ）→（ㄳ）→ㄴ→（ㄵ）→（ㄶ）→ㄷ→ㄹ
→（ㄺ）→（ㄻ）→（ㄼ）→（ㄽ）→（ㄾ）→（ㄿ）→（ㅀ）→
ㅁ→ㅂ→（ㅄ）→ㅅ→（ㅆ）→ㅇ→ㅈ→ㅊ→ㅋ→ㅌ→ㅍ→ㅎ

それでは、辞書で調べてみよう。

　　「방」の意味を調べるには
　　① まず、初声字母である「ㅂ」を探す。
　　② 次に、中声字母である「ㅏ」を探す。
　　③ 最後に、終声字母である「ㅇ」を探す。
　　　　すると「방」が登場する。

4. パソコンでハングルを入力してみよう

パソコンや電子辞書などのハングルキーボード

1	2	3	4	5	6	7	8	9	0

	Q	W	E	R	T	Y	U	I	O	P
	ㅂ	ㅈ	ㄷ	ㄱ	ㅅ	ㅛ	ㅕ	ㅑ	ㅐ	ㅔ

	A	S	D	F	G	H	J	K	L
Caps	ㅁ	ㄴ	ㅇ	ㄹ	ㅎ	ㅗ	ㅓ	ㅏ	ㅣ

	Z	X	C	V	B	N	M
Shift	ㅋ	ㅌ	ㅊ	ㅍ	ㅠ	ㅜ	ㅡ

① キーボード左半分が子音、右半分が母音という配列になっている。
② 上から2列目の左半分は平音（Shiftキーを押しながらそれぞれの平音を押すと濃音が入力できる）。
③ Shiftキー＋ㅐ→ㅒ　　Shiftキー＋ㅔ→ㅖ
④ 3列目の左半分は鼻音・流音。
⑤ 4列目の左半分は激音。

入力してみよう
① 母（어머니）　　어: dj　머: aj　니: sl
② 厚い（두껍다）　　두: en　껍: Shiftキーr＋jq　다: ek
③ かわいい（예쁘다）　예: d+Shiftキーp　쁘: Shiftキーq＋m　다: ek

自分の名前を入力してみよう

名前の韓国語の表記：

キーボードでの入力：

第8課 日本語のハングル表記

総合練習問題3

1 ハングルで書かれている日本語の文章を日本語に直してみよう。

①	와타시와 가레가 다이스키데스.
②	쿄 가레니 아에마시타.
③	도테모 우레시캇타데스.
④	쿄와 구지카라 쥬교가 아리마스.
⑤	간코쿠 에이가오 미타이데스.

2 辞書を使って次の単語の意味を調べてみよう。

①결혼식　　②전화번호　　③참치
④질문　　　⑤대답　　　　⑥낚시

コラム4

한국(韓国)の씨름(相撲)

　한국(韓国)の씨름(相撲)は、高句麗古墳の壁画にも登場するほど、古い遊びである。旧暦8月15日の추석(秋夕)などに盛大な씨름(相撲)競技が行われるほど盛んだった。しかし、近年、한국(韓国)における씨름(相撲)人気は일본(日本)における大相撲に遠く及ばない。プロリーグも存在するものの、リーグの存続が危ぶまれている。

　한국(韓国)の씨름(相撲)は、일본(日本)の大相撲のような土俵がなく、市場の一角や村の広場で行われた。そのため、押し出しや寄り切りなどのルールはない。

　한국(韓国)の씨름(相撲)は、対戦者二人を組ませてから競技を始める。競技者は、腰や右足の腿に、サッパという帯を締める。お互い相手のサッパを持ち、肩と背が真っ直ぐな状態で組み合い、双方に不利がない状況から始まる。そして競技が開始され、相手の上半身を地面につけた方が勝ちとなる。

　일본(日本)でも、沖縄地方でシマと呼ばれる相撲は씨름(相撲)に似ている。

相撲（金弘道、1745～1806）

第9課 다나카 에리입니다. 田中エリです。

민우 : 안녕하세요?
에리 : 네, 안녕하세요?
민우 : 제 이름은 김민우입니다.
에리 : 저는 다나카 에리입니다.
민우 : 만나서 반갑습니다.
에리 : 잘 부탁합니다.

語句
안녕하세요 : こんにちは
이름 : 名前
저 : 私、わたくし
반갑습니다 : 嬉しいです
-입니다 : ～です
부탁합니다 : お願いします、頼みます
제 : 私の
-은/는 : ～は
만나다 : 会う
잘 : よろしく
-입니까 : ～ですか

日本語訳
ミヌ : こんにちは。
エリ : はい、こんにちは。
ミヌ : 私の名前はキム・ミヌです。
エリ : 私は田中エリです。
ミヌ : お会いできて嬉しいです。
エリ : どうぞよろしくお願いします。

キーポイント

Ⅰ. 丁寧系語尾　〜입니다　「〜です」

　　일본사람입니다.　　　　　　　　日本人です。

　　대학생입니다.　　　　　　　　　大学生です。

Ⅱ. 疑問を表す　〜입니까　「〜ですか」

　　한국사람입니까?　　　　　　　　韓国人ですか。

　　주부입니까?　　　　　　　　　　主婦ですか。

Ⅲ. 助詞　〜은/는　「〜は」

　　◆パッチムのある体言＋은、パッチムの無い体言＋는

　　다나카 씨는 일본사람입니다.　　田中氏は日本人です。

　　여동생은 대학생입니다.　　　　妹は大学生です。

第9課　다나카 에리입니다. 田中エリです。

トレーニング

1 (　　)の適切な語句を入れ、文を完成させよう。

① 妹は大学生です。　　　　　여동생 (　　) 대학생 (　　　　　　)

② 母は主婦です。　　　　　　어머니 (　　) 주부 (　　　　　　)

③ 私は学生です。　　　　　　저 (　　) 학생 (　　　　　　)

④ 先生は韓国人です。　　　　선생님 (　　) 한국사람 (　　　　　　)

⑤ 田中氏は会社員ですか。　　다나카 씨 (　　) 회사원 (　　　　　　)

⑥ 大学はどこですか。　　　　대학 (　　) 어디 (　　　　　　)

2 日本語は韓国語に、韓国語は日本語に訳してみよう。

① 田中さんは日本人ですか。　＿＿＿＿＿＿＿＿＿＿＿＿＿＿

② 私は大学生です。　　　　　＿＿＿＿＿＿＿＿＿＿＿＿＿＿

③ 妹は会社員です。　　　　　＿＿＿＿＿＿＿＿＿＿＿＿＿＿

④ 저는 일본사람입니다.　　　＿＿＿＿＿＿＿＿＿＿＿＿＿＿

⑤ 여동생은 주부입니까?　　　＿＿＿＿＿＿＿＿＿＿＿＿＿＿

⑥ 저는 회사원입니다.　　　　＿＿＿＿＿＿＿＿＿＿＿＿＿＿

3 例のように韓国語の文をつくって、話してみよう。

例 저(私)/일본사람(日本人)

→저는 일본사람입니다. 私は日本人です。

① 제 이름/김경민

② 어머니(母)/주부

③ 아버지(父)/회사원

④ 저/대학생

4 例のように質問に答えてみよう。

例 한국사람입니까?   →네, 저는 한국사람입니다.

① 대학생입니까?

→

② 일본사람입니까?

→

③ 어머니는 주부입니까?

→

第10課 회사원이 아닙니다. 会社員ではありません。

에리 : 민우 씨는 회사원입니까?
민우 : 아뇨, 저는 회사원이 아닙니다.
　　　　학생입니다.
에리 : 저는 유학생입니다.
민우 : 전공이 한국어입니까?
에리 : 아뇨, 한국어가 아닙니다.

語句
-씨 : ～氏、～さん
-이/-가 : ～が
유학생 : 留学生
한국어 : 韓国語
아뇨 : いいえ
학생 : 学生
전공 : 専攻
(-이/-가) 아닙니다 : (～では) ありません

日本語訳
エリ : ミヌさんは会社員ですか。
ミヌ : いいえ、私は会社員ではありません。
　　　　学生です。
エリ : 私は留学生です。
ミヌ : 専攻は韓国語ですか。
エリ : いいえ、韓国語ではありません。

キーポイント

Ⅰ．助詞　〜이/가　「〜が」

◆パッチムのある体言＋이、パッチムの無い体言＋가

전공이 한국어입니다.　　　専攻が韓国語です。

여기가 명동입니다.　　　ここが明洞（ミョンドン）です。

Ⅱ．指定詞の否定形　〜이/가　아닙니다．　「〜ではありません」

학생이 아닙니다.　　　　学生ではありません。

주부가 아닙니다.　　　　主婦ではありません。

Ⅲ．否定の疑問形　〜이/가　아닙니까？　　「〜ではありませんか」

전공은 일본어가 아닙니까?
　　　　　　　　　専攻は日本語ではありませんか。

여기는 명동이 아닙니까?
　　　　　　　　　ここは明洞（ミョンドン）ではありませんか。

第10課　회사원이 아닙니다. 会社員ではありません。

トレーニング

1 (　)の中に日本語に合った表現を入れてみよう。

① 日本語ではありません。　일본어 (　　　　　　　　)

② 友達ではありません。　친구 (　　　　　　　　)

③ 留学生ではありません。　유학생 (　　　　　　　　)

④ 専攻ではありませんか。　전공 (　　　　　　　　)

⑤ 英語ではありませんか。　영어 (　　　　　　　　)

⑥ 歴史ではありませんか。　역사 (　　　　　　　　)

2 日本語は韓国語に、韓国語は日本語に訳してみよう。

① 専攻は韓国語です。　　　　　　　　＿＿＿＿＿＿＿＿＿＿＿＿＿＿

② 上野ではありませんか。　　　　　　＿＿＿＿＿＿＿＿＿＿＿＿＿＿

③ 友達は留学生ではありません。　　　＿＿＿＿＿＿＿＿＿＿＿＿＿＿

④ 저는 한국사람이 아닙니다.　　　　＿＿＿＿＿＿＿＿＿＿＿＿＿＿

⑤ 여동생은 주부가 아닙니다.　　　　＿＿＿＿＿＿＿＿＿＿＿＿＿＿

⑥ 전공은 영어가 아닙니까?　　　　　＿＿＿＿＿＿＿＿＿＿＿＿＿＿

3 例にならって、韓国語で話してみよう。

例 저(私)/일본사람(日本人)

→ 저는 일본사람이 아닙니다.   私は日本人ではありません。

① 제 이름/김경민

② 어머니(母)/주부

③ 아버지(父)/회사원

④ 저/대학생

4 例のように質問に答えてみよう。

例 일본사람입니까?   → 아뇨, 저는 일본사람이 아닙니다.
                        한국사람입니다.

① 회사원입니까?
                  →

② 한국사람입니까?
                  →

③ 어머니는 주부입니까?
                  →

第11課 이거 뭐예요? これ何ですか。

민우 : 이거 뭐예요?
에리 : 그건 한국어 교과서예요.
민우 : 누구 거예요?
에리 : 제 거예요.
민우 : 이 핸드폰도 에리 씨 거예요?
에리 : 아뇨, 제 거 아니에요.

語句
이거 : これ
그건 : それは
누구 : 誰
이 : この
-도 : ～も
뭐 : 何
교과서 : 教科書
-거 : ～もの
핸드폰 : 携帯電話

日本語訳
ミヌ : これ何ですか。
エリ : それは韓国語の教科書です。
ミヌ : 誰のものですか。
エリ : 私のものです。
ミヌ : この携帯電話もエリさんのものですか。
エリ : いいえ、私のものではありません。

キーポイント

Ⅰ．指示詞

이 この	그 その	저 あの	어느 どの
이것/이거 これ	그것/그거 それ	저것/저거 あれ	어느 것/어느 거 どれ
이것은/이건 これは	그것은/그건 それは	저것은/저건 あれは	어느 것은/어느 건 どれは
이것이/이게 これが	그것이/그게 それが	저것이/저게 あれが	어느 것이/어느 게 どれが
여기 ここ	거기 そこ	저기 あそこ	어디 どこ

Ⅱ．～예요/이에요　　「～です（か）」
　　◆パッチムのある体言＋이에요、パッチムの無い体言＋예요

　누구 지갑이에요?　　　　　　　誰の財布ですか。

　제 거예요.　　　　　　　　　　私のです。

Ⅲ．～이/가 아니에요　　「～ではありません（か）」
　　◆パッチムのある体言＋이 아니에요、パッチムの無い体言＋가 아니에요

　제 핸드폰이 아니에요.　　　　　私の携帯電話ではありません。

　제가 아니에요.　　　　　　　　私ではありません。

第11課　이거 뭐예요? これ何ですか。

トレーニング

1 (　　)の中に日本語に合った表現を入れてみよう。

① どの教科書ですか。　　　　　(　　　　) 교과서 (　　　　　)

② それは私の携帯電話です。　　(　　　　) 제 핸드폰 (　　　　)

③ 誰の誕生日ですか。　　　　　(　　　　) 생일 (　　　　　)

④ これが趣味です。　　　　　　(　　　　) 취미 (　　　　　)

⑤ どの学校ですか。　　　　　　(　　　　) 학교 (　　　　　)

⑥ このドラマです。　　　　　　(　　　　) 드라마 (　　　　)

2 日本語は韓国語に、韓国語は日本語に訳してみよう。

① 友達の誕生日です。　　　　　_____

② あの人は誰ですか。　　　　　_____

③ それは誰の教科書ですか。　　_____

④ 어느 것이 에리 씨 거예요?　_____

⑤ 그것도 제 교과서예요.　　　 _____

⑥ 제 취미가 아니에요.　　　　 _____

3 質問に答えてみよう。

① 취미는 뭐예요?
　　　　　　　　→ _____

② 이름이 뭐예요?
　　　　　　　　→ _____

③ 고향(故郷)은 어디예요?
　　　　　　　　→ _____

4 次の文を「-예요/이에요」「-이/가 아니에요」に変えてみよう。

① 이건 지도(地図)입니다.　　_____
　　　　　　　　　　　　　　　_____

② 그건 술(お酒)입니다.　　　　_____
　　　　　　　　　　　　　　　_____

③ 저건 사진(写真)입니다.　　　_____
　　　　　　　　　　　　　　　_____

④ 이게 컴퓨터입니다.　　　　　_____
　　　　　　　　　　　　　　　_____

総合練習問題 4

1 日本語を韓国語に直してみよう。

私		韓国人		友達		携帯電話	
私の		日本人		妹		学校	
名前		韓国語		主婦		ドラマ	
学生		日本語		母		誕生日	
大学生		英語		会社員		趣味	
留学生		専攻		教科書		どこ	

2 次の文章を「해요体」に変えてから日本語に訳してみよう。

　　친구는 한국사람입니다. 유학생입니다. 전공은 일본어입니다. 저는 일본사람입니다. 회사원입니다. 제 아버지는 회사원입니다. 어머니는 회사원이 아닙니다. 주부입니다. 여동생은 대학생입니다. 전공이 영어입니다.

해요体

日本語訳

3 韓国語で自己紹介を書いてみよう（名前、大学、専攻、趣味、家族等）。

コラム5

家族・親族の呼び方

韓国語	日本語	韓国語	日本語
할머니	おばあさん、祖母	남편	夫
할아버지	おじいさん、祖父	부인	婦人、奥さん、奥様
외할머니	母方の祖母、外祖母	아내	妻
외할아버지	母方の祖父、外祖父	와이프	ワイフ・妻
아버지	お父さん、父	마누라	女房、カミサン
어머니	お母さん、母	부부	夫婦
아빠	パパ、お父さん	부모	両親、親、父母
엄마	ママ、お母さん	아들	息子
오빠	(女性から見た) 兄	딸	娘
형	(男性から見た) 兄	막내	末っ子
언니	(女性から見た) 姉	막내아들	末息子
누나	(男性から見た) 姉	막내딸	末娘
나	私	며느리	嫁
저	わたくし	사위	娘の夫、婿
남동생	弟	형수님	(男性から見た) 兄の嫁
여동생	妹	새언니	(女性から見た) 兄の嫁

第12課 편의점이 있어요? コンビニありますか。

에리 : 대학교 근처에 편의점이 있어요?
민우 : 네, 있어요.
에리 : 어디에 있어요?
민우 : 도서관 옆에 있어요.
에리 : 마트도 있어요?
민우 : 아뇨, 마트는 없어요.

|語句|
근처 : 近く　　　　　편의점 : コンビニ
어디 : どこ　　　　　-에 : ～に
도서관 : 図書館　　　마트 : スーパー
옆 : 横、隣
있어요 : あります（か）、います（か）か
없어요 : ありません（か）、いません（か）

|日本語訳|
エリ：大学の近くにコンビニありますか。
ミヌ：はい、あります。
エリ：どこにありますか。
ミヌ：図書館の隣にあります。
エリ：スーパーもありますか。
ミヌ：いいえ、スーパーはありません。

キーポイント

Ⅰ. 存在表現
　　◆「있다」「없다」は、物事の有無とともに、人・動物の有無も表す。

基本形	叙述形	疑問形
있다 ある、いる	있어요 あります、います	있어요? ありますか、いますか
없다 ない、いない	없어요 ありません、いません	없어요? ありませんか、いませんか

　　◆「基本形」は辞書に載っている形のことを言う。

Ⅱ. 助詞　～도　　「～も」

　　저도 일본사람이에요.　　　　私も日本人です。

　　편의점도 있어요.　　　　　　コンビニもあります。

Ⅲ. 助詞　～에　　「～に」
　　◆場所や時間などを表すときに使う。他の助詞とともに使うこともできる。

　　슈퍼에 있어요.　　　　　　　スーパーにいます。

　　오후에도 수업이 있어요.　　　午後にも授業があります。

　　어머니는 집에 없어요.　　　　母は家にいません。

第12課　편의점이 있어요? コンビニありますか。

トレーニング

1　(　)の中に日本語に合った表現を入れてみよう。

① 隣にいます。　　　　　　　옆 (　　　) (　　　　　　)

② 家にいませんか。　　　　　집 (　　　) (　　　　　　)

③ 午後にはありません。　　　오후 (　　　) (　　　　　　)

④ 授業がありますか。　　　　수업 (　　　) (　　　　　　)

⑤ 明日もあります。　　　　　내일 (　　　) (　　　　　　)

⑥ 近くにいます。　　　　　　근처 (　　　) (　　　　　　)

2　日本語は韓国語に、韓国語は日本語に訳してみよう。

① 明日にも授業があります。　　　_____

② お父さんは会社にいますか。　　_____

③ 近くにスーパーがありません。　_____

④ 집 옆에 편의점이 있어요.　　　_____

⑤ 친구는 어디에 있어요?　　　　 _____

⑥ 오후에는 수업이 없어요?　　　 _____

3 質問に答えてみよう。

① 어머니는 어디에 있어요?
→ _____

② 한국친구는 있어요?
→ _____

③ 집 근처에 마트가 있어요?
→ _____

④ 집은 어디에 있어요?
→ _____

4 (　　) に下記の単語を入れて、会話を完成させよう。

　① a 수업/b 아르바이트(アルバイト)

　② a 리포트(レポート)/b 시험(試験)

　③ a 잡지(雑誌)/b 신문(新聞)

　A: (　a　) 이/가 있어요?

　B: 네, 있어요.

　A: (　b　) 도 있어요?

　B: 아뇨, (　b　) 은/는 없어요.

第13課 숙제를 해요. 宿題をします。

민우 : 에리 씨, 토요일에 뭐 해요?
에리 : 집에서 숙제를 해요.
에리 : 민우 씨는 뭐 해요?
민우 : 저는 학교에서 축구를 해요.
에리 : 아르바이트는 해요?
민우 : 아르바이트는 일요일에 해요.

語句
토요일 : 土曜日　　　해요./해요? : します/しますか
-을/를 : 〜を　　　-에서 : 〜で
숙제 : 宿題　　　학교 : 学校
축구 : サッカー　　　아르바이트 : アルバイト
일요일 : 日曜日

日本語訳
ミヌ : エリさん、土曜日に何しますか。
エリ : 家で宿題をします。
エリ : ミヌさんは何しますか。
ミヌ : 私は学校でサッカーをします。
エリ : アルバイトはしますか。
ミヌ : アルバイトは日曜日にします。

キーポイント

Ⅰ. 曜日や日時に関する言葉

월요일	月曜日	오늘	今日	아침	朝
화요일	火曜日	내일	明日	낮	昼
수요일	水曜日	모레	あさって	저녁	夕方
목요일	木曜日	어제	昨日	밤	夜
금요일	金曜日	그저께	おととい	오전	午前
토요일	土曜日	매일	毎日	오후	午後
일요일	日曜日	무슨 요일	何曜日		

Ⅱ. 助詞　～을/를　　　「～を」
◆パッチムのある体言＋을、パッチムの無い体言＋를

운동을 해요?　　　　　運動をしますか。

아르바이트를 해요.　　アルバイトをします。

Ⅲ. 助詞　～에서　　　「～で」、「～から」

학교에서 공부합니다.　　学校で勉強します。

학교에서 옵니다.　　　　学校から来ます。

第13課 宿題を해요. 宿題をします。

トレーニング

1 （　）の中に日本語に合った表現を入れてみよう。

① 勉強をします。　　공부（　）（　　　　　）

② 学校でします。　　학교（　）（　　　　　）

③ 食事をします。　　식사（　）（　　　　　）

④ 運動をしますか。　운동（　）（　　　　　）

⑤ 今日は何しますか。　오늘（　　）뭐（　　　　　）

⑥ 図書館で勉強をします。도서관（　　）공부（　　）（　　　　　）

2 日本語は韓国語に、韓国語は日本語に訳してみよう。

① 宿題をします。　　　　　　＿＿＿＿＿＿＿＿＿＿＿＿＿＿＿

② 学校で宿題をします。　　　＿＿＿＿＿＿＿＿＿＿＿＿＿＿＿

③ どこでしますか。　　　　　＿＿＿＿＿＿＿＿＿＿＿＿＿＿＿

④ 매일 공부를 해요.　　　　＿＿＿＿＿＿＿＿＿＿＿＿＿＿＿

⑤ 집에서 요리를 해요.　　　＿＿＿＿＿＿＿＿＿＿＿＿＿＿＿

⑥ 저녁에 아르바이트를 해요?　＿＿＿＿＿＿＿＿＿＿＿＿＿＿＿

3 例にならって、韓国語の文をつくってみよう。

例 오늘(今日)/아르바이트(アルバイト)
　　　→오늘 아르바이트를 해요. 今日アルバイトをします。

① 매일/축구　　　　　　＿＿＿＿＿＿＿＿＿＿＿＿＿＿＿＿

② 일요일에도/일(仕事)　＿＿＿＿＿＿＿＿＿＿＿＿＿＿＿＿

③ 집에서/요리　　　　　＿＿＿＿＿＿＿＿＿＿＿＿＿＿＿＿

④ 학교에서/청소(掃除)　＿＿＿＿＿＿＿＿＿＿＿＿＿＿＿＿

4 質問に答えてみよう。

① 일요일에 뭐 해요?
　　　　　　→＿＿＿＿＿＿＿＿＿＿＿＿＿＿＿＿＿＿＿＿

② 오늘 숙제가 있어요?
　　　　　　→＿＿＿＿＿＿＿＿＿＿＿＿＿＿＿＿＿＿＿＿

③ 생일파티를 해요?
　　　　　　→＿＿＿＿＿＿＿＿＿＿＿＿＿＿＿＿＿＿＿＿

④ 집에서 뭐 해요?
　　　　　　→＿＿＿＿＿＿＿＿＿＿＿＿＿＿＿＿＿＿＿＿

総合練習問題5

1 日本語を韓国語に直してみよう。

何		毎日		近く	
宿題		今日		コンビニ	
勉強		誕生日		スーパー	
学校		誰		図書館	
授業		午後		どこ	
家		明日		隣	

2 文章を読んで日本語に訳してみよう。

여기는 제 학교예요. 학교 근처에는 편의점이 있어요.
마트도 있어요. 제 집은 학교 근처에 있어요.
집 옆에는 도서관이 있어요. 저는 학교에 있어요.
어머니는 집에 있어요. 오빠도 집에 있어요.
아버지는 집에 없어요. 회사에 있어요.

_____
_____
_____
_____

3 会話文を読んで韓国語に訳してみよう。

A: どこにいますか。　　　　B: 家にいます。
A: 家で何をしますか。　　　B: 家で勉強をします。
A: お母さんは何をしますか。　B: お母さんは料理をします。

_____
_____
_____

コラム6

年齢の数え方、尋ね方

　한국(韓国)と일본(日本)では歳の数え方が違う。일본(日本)では生まれたばかりの赤ん坊をゼロ歳と数えるが、한국(韓国)ではこれを1歳とする。また、일본(日本)では誕生日を迎えると一つ歳をとるが、한국(韓国)では1月1日を迎えると一つ歳をとる。なので、한국인(韓国人)が18歳という場合には、일본(日本)の16歳である可能性がある。

　한국(韓国)ではこのように「数え年」で年齢を数えるので、対人関係の上で年齢が重要な意味を持っている。親しい関係でも年齢が一つ違うだけで、言葉遣いや名前の呼び方が変わってくることが多い。

　한국인(韓国人)は年齢の上下関係に敏感なので、年齢の尋ね方にも①生まれ年を尋ねる②大学入学年を尋ねる③干支を尋ねるなど、いろいろなパターンがある。初対面の人に年齢や職業を尋ねるのは親近感の意思表示だと考えられている。

韓国と日本の干支の動物

十二干	子	丑	寅	卯	辰	巳	午	未	申	酉	戌	亥
動物	쥐	소	호랑이	토끼	용	뱀	말	양	원숭이	닭	개	돼지
韓国	鼠	牛	虎	兎	龍	蛇	馬	羊	猿	鶏	犬	豚
日本	鼠	牛	虎	兎	龍	蛇	馬	羊	猿	鶏	犬	猪

第14課 누구를 좋아합니까? 誰が好きですか。

민우 : 에리 씨, K-POP을 좋아합니까?
에리 : 네, 좋아합니다.
민우 : 가수는 누구를 좋아합니까?
에리 : 동방신기하고 소녀시대를
　　　좋아합니다.
민우 : 아, 그렇습니까?
에리 : 네, 너무 멋있습니다.

語句
좋아하다 : 好きだ　　　　　　　가수 : 歌手
누구 : 誰　　　　　　　　　　　-하고 : 〜と
그렇습니까 : そうですか　　　　너무 : すごく
멋있다 : かっこいい

日本語訳
ミヌ : エリさん、K-POPが好きですか。
エリ : はい。好きです。
ミヌ : 歌手は誰が好きですか。
エリ : 東方神起と少女時代が好きです。
ミヌ : ああ、そうですか。
エリ : はい。すごくかっこいいです。

キーポイント

Ⅰ. ～을/를 좋아합니다.　　「～が好きです」
　◆日本語の「～が好きだ」にあたる表現で、直訳すると「～を好む」
　　となる。
　아이씨는 음악을 좋아합니까?　　アイさんは音楽が好きですか。
　저는 야구를 좋아합니다.　　私は野球が好きです。

Ⅱ. 用言の丁寧形　語幹＋ㅂ니다/습니다（까?）　　「～ます（か）・です（か）」
　　用言の基本形＝語幹＋語尾　　　用言の基本形はすべて「다」で終わる。
　　例：　食べる　먹다 ＝語幹 먹 ＋語尾 다

パッチム	活用	基本形	用例
有	습니다	먹/다（食べる） 즐겁/다（楽しい）	먹습니까?（食べますか） 즐겁습니다.（楽しいです）
無	ㅂ니다	오/다（来る） 하/다（する）	옵니까?（来ますか） 합니다.（します）
ㄹ	ㅂ니다	알/다（知る） 살/다（住む）	압니다.（知っています） 삽니다.（住んでいます）

Ⅲ. 助詞　～와/과, 하고　　「～と」
　◆パッチムのある体言＋과、パッチムの無い体言＋와
　◆하고は話しことばで使われ、와/과は書きことば、話しことばどちらでも
　　使われる。하고はパッチムの有無に関係なく使われる。

　냉면과 불고기를 먹습니다.　　冷麺とプルコギを食べます。
　아버지와 어머니는 회사원이예요.　　父と母は会社員です。

第14課　누구를 좋아합니까? 誰が好きですか。

トレーニング

1 次の語を「〜です、〜ます」「〜ですか、〜ますか」の形にしてみよう。

① 돌아가다「帰る」（　　　　　　　　）（　　　　　　　　　　）

② 보다「見る」（　　　　　　　　）（　　　　　　　　　　）

③ 찍다「撮る」（　　　　　　　　）（　　　　　　　　　　）

④ 좋다「いい」（　　　　　　　　）（　　　　　　　　　　）

⑤ 알다「知る」（　　　　　　　　）（　　　　　　　　　　）

⑥ 비싸다「高い」（　　　　　　　　）（　　　　　　　　　　）

2 日本語は韓国語に、韓国語は日本語に訳してみよう。

① 家に帰ります。　　　　　　　　　　＿＿＿＿＿＿＿＿＿＿＿＿＿＿＿

② 音楽が好きですか。　　　　　　　　＿＿＿＿＿＿＿＿＿＿＿＿＿＿＿

③ これがいいです。　　　　　　　　　＿＿＿＿＿＿＿＿＿＿＿＿＿＿＿

④ 떡볶이와 김치를 좋아합니까?　　　＿＿＿＿＿＿＿＿＿＿＿＿＿＿＿

⑤ 저도 압니다.　　　　　　　　　　　＿＿＿＿＿＿＿＿＿＿＿＿＿＿＿

⑥ 집에서 텔레비전을 봅니다.　　　　＿＿＿＿＿＿＿＿＿＿＿＿＿＿＿

3 例にならって、韓国語で話してみよう。

例 (a)을/를 (b)ㅂ니다/습니다.　　(a 공부/b 하다)
　　　　→（공부）를（합니다）.（勉強をします）

① a 커피/b 마시다(飲む)　　　　　　　_____

② a 음악(音楽)/b 듣다(聞く)　　　　　_____

③ a 그림(絵)/b 그리다(描く)　　　　　_____

④ a 리포트(レポート)/b 쓰다(書く)　　_____

4 質問に答えてみよう。

① 아침에 무엇을 먹습니까?
　　　　→ _____

② 일요일에 무엇을 합니까?
　　　　→ _____

③ 무슨(何の) 요리를 좋아합니까?
　　　　→ _____

第15課 얼마예요? いくらですか。

에리 : 이 구두 얼마예요?
점원 : 그 구두는 칠만 원이에요.
에리 : 저것도 칠만 원이에요?
점원 : 아뇨, 칠만 원이 아니에요.
　　　 오만 팔천 원이에요.

語句
구두 : 靴　　　　　　　　　얼마 : いくら
원 : ウォン　　　　　　　　칠만 원 : 7万ウォン
오만 팔천 원 : 5万8千ウォン

日本語訳
エリ : この靴いくらですか。
店員 : その靴は7万ウォンです。
エリ : あれも7万ウォンですか。
店員 : いいえ、7万ウォンではありません。
　　　 5万8千ウォンです。

キーポイント

Ⅰ. 漢数詞

◆1千は「일천」、1万は「일만」と言わず、「천」「만」と表現する。

1	2	3	4	5	6	7	8	9	10
일	이	삼	사	오	육	칠	팔	구	십
11	12	13	14	15	16	17	18	19	20
십일	십이	십삼	십사	십오	십육	십칠	십팔	십구	이십
30	40	50	60	70	80	90	100	1000	10000
삼십	사십	오십	육십	칠십	팔십	구십	백	천	만
10万	100万	1000万	億	兆	0				
십만	백만	천만	억	조	영・공				

Ⅱ. 月の言い方

1月	2月	3月	4月	5月	6月
일월	이월	삼월	사월	오월	유월
7月	8月	9月	10月	11月	12月
칠월	팔월	구월	시월	십일월	십이월

Ⅲ. 電話番号と学年の言い方

전화번호는 몇 번이에요?	電話番号は何番ですか。
삼사오의 공칠사오예요.	345-0745です。
핸드폰 번호는 몇 번이에요?	携帯電話は何番ですか。
공일공의 이이육의 육칠팔오예요.	010-226-6785です。
몇 학년이에요?	何年生ですか。
이학년이에요.	2年生です。

第15課　얼마예요? いくらですか。

> トレーニング

1 数字の読み方を韓国語で書いてみよう。

① 63 층 (　　　　　　　)　　② 2 박(泊) 3 일 (　　　　　　　)

③ 2 인분 (2 人前) (　　　　)　　④ 365 일 (　　　　　　　)

⑤ 12 월 (　　　　　　　)　　⑥ 12 월 25 일 (　　　　　　)

⑦ 3 일 (　　　　　　　)　　⑧ 870230 원 (　　　　　　　)

⑨ 15 분 (　　　　　　　)　　⑩ 13640 원 (　　　　　　　)

⑪ 2 학년 (　　　　　　　)　　⑫ 2019 년(年) (　　　　　　)

2 質問に答えてみよう。

① 몇 학년이에요?　　　　_____

② 생일이 언제예요?　　　　_____

③ 시험이 언제예요?　　　　_____

④ 핸드폰 번호가 몇 번이에요?　_____

⑤ 몇 층에 살아요?　　　　_____

⑥ 오늘 며칠이에요?　　　　_____

3 次のヨンミさんのスケジュールを見て、質問に答えてみよう。

11월 스케줄

월	화	수	목	금	토	일
17	18 한국어 수업	19	20 쇼핑	21	22 아르 바이트	23 스포츠
24	25	26	27	28 학교 도서관 : 친구	29	30 스포츠 센터 TEL : 285-0874

① 영미 씨는 일요일에 뭐 해요?

→ _____

② 친구와 약속(約束)은 언제예요?

→ _____

③ 한국어 수업은 언제(いつ), 무슨 요일이에요?

→ _____

④ 스포츠센터 전화번호는 몇 번이에요?

→ _____

⑤ 언제 쇼핑해요?

→ _____

総合練習問題6

1 次の用言を適切な形に直して空欄を埋めよう。

	～ㅂ니다/습니다	～ㅂ니까/습니까?
하다 (する)		
보다 (見る)		
돌아가다 (帰る)		
비싸다 (高い)		
좋다 (良い)		
있다 (ある/いる)		
먹다 (食べる)		
듣다 (聞く)		

2 会話文を読んで日本語に訳してみよう。

A：영미 씨는 생일이 언제예요?　　B：팔월 구일이에요.
A：대학생이에요?　　B：네, 대학생이에요.
A：대학 몇 학년이에요?　　B：삼학년이에요.

_____

_____

3 今週のスケジュールを書いてみよう。

_____

_____

コラム7

韓国の記念日

★공휴일（公休日）

1月1日★	신정	新正	新正月
旧暦1月1日★	설	正月	1月下旬から2月中旬
	구정	旧正	
3月1日★	삼일절	三一節	三一独立運動記念日
4月5日	식목일	植木日	植樹の日
旧暦4月8日★	부처님 오신 날	お釈迦様の誕生日	5月上旬から下旬
5月5日★	어린이 날	子供の日	―
5月8日	어버이 날	父母の日	―
5月15日	스승의 날	恩師の日	―
6月6日★	현충일	顕忠日	護国英霊追慕記念日
7月17日	제헌절	制憲節	憲法制定記念日
8月15日★	광복절	光複節	独立記念日
旧暦8月15日★	추석	秋夕/仲秋	（9月中旬から10月上旬）日本のお盆にあたる行事を行う
10月1日	국군의 날	国軍の日	―
10月3日★	개천절	開天節	建国記念日
10月9日	한글의 날	ハングルの日	―
12月25日	성탄절	聖誕節	クリスマス

第16課 한국에 가요. 韓国に行きます。

민우 : 에리 씨, 여름방학에 뭐 해요?
에리 : 한국에 가요.
민우 : 그래요?
에리 : 네, 친구와 같이 가요. 그래서 지금 한국어를 공부해요.

語句
여름방학 : 夏休み　　　　하다 : する
그래요 : そうですか　　　그래서 : それで
같이 : 一緒に　　　　　　공부해요 : 勉強します

日本語訳
ミヌ : エリさん、夏休みに何しますか。
エリ : 韓国に行きます。
ミヌ : そうですか。
エリ : はい、友達と一緒に行きます。
　　　それで今韓国語を勉強しています。

キーポイント

Ⅰ．用言の打ち解けた丁寧形　語幹＋아요/어요/해요　「～ます(か)・です(か)」
　　◆「해요体」は「～します」(平叙)、「～しますか？」(疑問)、
　　　「～しましょう」(勧誘)、「～してください」(命令) などの表現に使う。

母音	活用	基本形	用　例
陽母音 (ㅏ, ㅗ)	아요	앉/다（座る） 오/다（来る）	앉＋아요→앉아요（座ります） 오＋아요→와요（来ます）
陰母音 (ㅏ, ㅗ以外)	어요	먹/다（食べる） 서/다（立つ）	먹＋어요→먹어요（食べます） 서＋어요→서요（立ちます）
하다 (する)	해요	운동/하다 （運動する)) 전화/하다 （電話する)	운동해요（運動します） 전화해요（電話します）

　　◆語幹にパッチムがない場合には「母音の縮約」が起こる。

가다（行く） ㅏ＋아→ㅏ	가＋아요	가요（行きます）
보다（見る） ㅗ＋아→ㅘ	보＋아요	봐요（見ます）
서다（立つ） ㅓ＋어→ㅓ	서＋어요	서요（立ちます）
주다（あげる） ㅜ＋어→ㅝ	주＋어요	줘요（あげます）
보내다（送る） ㅐ＋어→ㅐ	보내＋어요	보내요（送ります）
마시다（飲む） ㅣ＋어→ㅕ	마시＋어요	마셔요（飲みます）
되다（なる） ㅚ＋어→ㅙ	되＋어요	돼요（なります）

第16課　한국에 가요. 韓国に行きます。

|トレーニング|

1 (　)の中に日本語に合った表現を入れてみよう。

① コーヒーを飲みます。　　　커피（　　）（　　　　　　　）

② 映画を見ます。　　　　　　영화（　　）（　　　　　　　）

③ キムチを食べます。　　　　김치（　　）（　　　　　　　）

④ 服が高いです。　　　　　　옷　（　　）（　　　　　　　）

⑤ 写真を撮ります。　　　　　사진（　　）（　　　　　　　）

⑥ 新聞を読みます。　　　　　신문（　　）（　　　　　　　）

2 日本語は韓国語に、韓国語は日本語に訳してみよう。

① この靴は高いです。

② 母と図書館に行きます。

③ このドラマは面白いですか。

④ 아침에 빵을 먹어요.

⑤ 무슨 공부를 해요?

⑥ 한국요리 정말 좋아해요.

3 質問に答えてみよう。

① 커피 좋아해요?
　　　　　　　　→ _____

② 아침에 뭐 먹어요?
　　　　　　　　→ _____

③ 겨울방학에 뭐 해요? (겨울방학：冬休み)
　　　　　　　　→ _____

④ 매일 몇 시에 자요? (자다：寝る)
　　　　　　　　→ _____

4 a，b に 1〜4 の語句を入れて会話を完成させてみよう。

　　A：(　a　) 을/를 (　b　) ㅂ니까/습니까?
　　B：네, (　b　) 아요/어요.

① a 신문(新聞)/b 보다

② a 택시(タクシー)/b 타다(乗る)

③ a 빵/b 먹다

④ a 담배(タバコ)/b 피우다(吸う)

第17課 몇 시에 일어나요? 何時に起きますか。

민우 : 에리 씨, 보통 몇 시에 일어나요?
에리 : 일곱 시에 일어나요.
민우 : 수업은 몇 시부터예요?
에리 : 오전 아홉시부터 오후
　　　　한 시까지예요.

語句
몇 시 : 何時
보통 : 普通、普段
-까지 : ～まで
한 시 : 1時
일어나다 : 起きる
-부터 : ～から
아홉 시 : 9時

日本語訳
ミヌ : エリさん、普段何時に起きますか。
エリ : 7時に起きます。
ミヌ : 授業は何時からですか。
エリ : 午前9時から午後1時までです。

キーポイント

Ⅰ．固有数詞

1つ	2つ	3つ	4つ	5つ	6つ	7つ	8つ	9つ	10
하나	둘	셋	넷	다섯	여섯	일곱	여덟	아홉	열
한	두	세	네						

10	20	30	40	50	60	70	80	90	100
열	스물 / 스무	서른	마흔	쉰	예순	일흔	여든	아흔	백

◆1～4 と 20 は助数詞の前で形が変わる。
◆固有数詞に付く助数詞
　2時間：두 시간　　　　20才：스무 살
　3杯：세 잔　　　　　　6名：여섯 명
　4個：네 개　　　　　　1枚：한 장

Ⅱ．時間表現
　◆固有数詞＋시 時　　　漢数詞＋분 分

　지금 몇 시예요?　　　　今、何時ですか。

　두 시 오십 분이에요.　　2時50分です。

Ⅲ．助詞　～부터, ～까지　「～から、～まで」

　아침부터 밤까지 일합니다.　朝から晩まで働きます。

　저녁 다섯 시부터 열 시까지 공부합니다.
　　　　　　　　　　夕方5時から10時まで勉強します。

第17課　몇 시에 일어나요? 何時に起きますか。

トレーニング

1 数字の読み方を韓国語で書いてみよう。

① 1本　（　　　　　　　）병

② 19才（　　　　　　　）살

③ 4回　（　　　　　　　）번

④ 12名（　　　　　　　）명

⑤ 3個　（　　　　　　　）개

⑥ 10枚（　　　　　　　）장

2 日本語は韓国語に、韓国語は日本語に訳してみよう。

① 今何時ですか。

② 午後4時半です。

③ 何歳ですか。

④ 커피 한 잔 주세요.

⑤ 사과 두 개 주세요.

⑥ 모두 세 명이에요.

3 何時に何をするか、例のように書いてみよう。

例 일어나다(起きる) → 여섯 시반에 일어나요. （6時半に起きます。）

① 6:30	② 7:30	③ 8:10	④ 9:00～12:00
일어나다	아침을 먹다	학교에 가다	공부하다
起きる	朝食を食べる	学校に行く	勉強する
⑤ 12:30	⑥ 16:00	⑦ 17:00	⑧ 23:00
점심을 먹다	학교 도서관	저녁을 먹다	자다
昼食を食べる	学校の図書館	夕飯を食べる	寝る

① 아침을 먹다 _____
② 학교에 가다 _____
③ 공부하다 _____
④ 점심을 먹다 _____
⑤ 저녁을 먹다 _____
⑥ 자다 _____

4 自分の1日のスケジュールを書いてみよう。

_____
_____
_____
_____
_____

第17課 몇 시에 일어나요? 何時に起きますか。

総合練習問題7

1 次の用言を「해요体」にしてみよう。

	-아/어/해요		-아/어/해요
알다 (知る)		오다 (来る)	
좋다 (良い)		보다 (見る)	
맛있다 (おいしい)		마시다 (飲む)	
만들다 (作る)		기다리다 (待つ)	
먹다 (食べる)		주다 (あげる)	
가다 (行く)		말하다 (言う)	
서다 (立つ)		편리하다 (便利だ)	

2 「합니다体」を「해요体」に、数字の読み方を韓国語に直してみよう。

① 친구는 7 시에 옵니다.　　　　　　　　＿＿＿＿＿＿＿＿＿＿＿＿＿＿

② 9 시에 친구를 만납니다.　　　　　　　＿＿＿＿＿＿＿＿＿＿＿＿＿＿

③ 아침에 커피 1 잔 마십니다.　　　　　　＿＿＿＿＿＿＿＿＿＿＿＿＿＿

④ 저는 19 살입니다.　　　　　　　　　　＿＿＿＿＿＿＿＿＿＿＿＿＿＿

⑤ 고양이(猫)가 2 마리 있습니다.　　　　＿＿＿＿＿＿＿＿＿＿＿＿＿＿

コラム 8

한국(韓国)의 설날（旧正月）

　설날(旧正月、陰暦 1 月 1 日)は名節の中でも最大のイベントの一つである。한국(韓国)では太陽暦のお正月よりも太陰暦が中心の旧暦の新年が本当のお正月として大切に考えられている。太陽暦の 1 月 1 日を신정(新正)、それに対して旧暦の 1 月 1 日を구정(旧正)、また설날(旧正月)と呼んでいる。

　설날(旧正月)には、よそに出ているものも帰ってきて、家族が全員揃って新年を祝う。一同晴れ着に着替え、目上の人に挨拶を申し上げる。朝の代表的な料理は떡(トックク)である。떡(トッ)はお餅、국(クク)は汁物のことで、일본(日本)のお雑煮にあたる。

　こどもたちは새해 복 많이 받으세요(新年福をたくさんもらってください)、건강하세요(いつもお元気でいてくださいね)など挨拶の後にお辞儀をし、お年玉をもらう。

お正月晴れ着姿の女の子

目上の人に新年の挨拶をする

第18課 맵지 않아요? 辛くありませんか。

민우 : 한국 음식 뭐 좋아해요?
에리 : 떡볶이하고 비빔밥 좋아해요.
민우 : 맵지 않아요?
에리 : 맵지만 맛있어요.

語句
음식 : 食べ物　　　　　　　　　　　　비빔밥 : ビビンバ
떡볶이 : トッポギ　　　　　　　　　　맵다 : 辛い
-지 않아요 : 〜しません（か）、〜くありません（か）
-지만 : 〜が、〜けれども
맛있다 : おいしい

日本語訳
ミヌ : 韓国の食べ物は何が好きですか。
エリ : トッポギとビビンバが好きです。
ミヌ : 辛くありませんか。
エリ : 辛いけれど、おいしいです。

キーポイント

Ⅰ．動詞・形容詞の否定　안＋用言、語幹＋지 않다

基本形	안＋用言		語幹＋지 않아요 ＋지 않습니다
가다（行く）	해요体	안 가요	가지 않아요
	합니다体	안 갑니다	가지 않습니다
먹다（食べる）	해요体	안 먹어요	먹지 않아요
	합니다体	안 먹습니다	먹지 않습니다
전하다（伝える）	해요体	안 전해요	전하지 않아요
	합니다体	안 전합니다	전하지 않습니다
전화하다（電話する）	해요体	전화 안 해요	전화하지 않아요
	합니다体	전화 안 합니다	전화하지 않습니다
싸다（安い）	해요体	안 싸요	싸지 않아요
	합니다体	안 쌉니다	싸지 않습니다
좋아하다（好きだ）	해요体	좋아 안 해요	좋아하지 않아요
	합니다体	좋아 안 합니다	좋아하지 않습니다

　　◆存在詞 있다（ある/いる）の否定形は 없다（ない/いない）である。
　　　指定詞 이다（〜だ/である）の否定形は 〜가/이 아니다（〜ではない）である。 맛있다（おいしい）の否定形は 맛없다（おいしくない）である。

Ⅱ．用言の語幹＋지만　「〜が、〜けれども」
　　◆パッチムの有無に関係なく、語幹＋지만
　　좋아하지만 보지 않아요.　　　　好きですが、見ません。
　　한국어는 어렵지만 재미있어요.　　韓国語は難しいけれど、面白いです。

トレーニング

1 次の語を〜지 않아요、안+〜요の否定表現に変えてみよう。

① 보이다（見える）→ (　　　　　　　　　　　　)

② 좋아하다（好きだ）→ (　　　　　　　　　　　　)

③ 많다（多い）→ (　　　　　　　　　　　　)

④ 기다리다（待つ）→ (　　　　　　　　　　　　)

⑤ 오다（来る）→ (　　　　　　　　　　　　)

⑥ 비싸다（高い）→ (　　　　　　　　　　　　)

2 日本語は韓国語に、韓国語は日本語に訳してみよう。

① これは高くありません。

② 好きではありません。

③ 好きではないが、食べます。

④ 비싸지만 맛있어요.

⑤ 술은 마시지 않습니까?

⑥ 오늘은 학교 안 가요.

3 例のように否定文を作ってみよう。

例 술(お酒)/마시다(飲む)

→술을 마시지 않아요. /술을 안 마셔요. (お酒を飲みません。)

① 신문(新聞)/보다(見る) _____

② 택시(タクシー)/타다(乗る) _____

③ 빵(パン)/먹다(食べる) _____

④ 아침(朝ご飯)/먹다 _____

4 質問に答えてみよう。

① 김치를 먹어요?
　　　　　　　→ _____

② 술(お酒)을 좋아해요?
　　　　　　　→ _____

③ 일요일에 학교에 가요?
　　　　　　　→ _____

④ 담배(タバコ)를 피워요? (피우다 : 吸う)
　　　　　　　→ _____

第19課 어제 뭐 했어요? 昨日何をしましたか。

민우 : 에리 씨, 어제는 뭐 했어요?
에리 : 시장에 갔어요.
민우 : 뭐 사러 갔어요?
에리 : 가방 하나 샀어요. 그리고 친구
　　　　생일 선물도 한 개 샀어요.

語句
했어요 : しました（か）　　　시장 : 市場
갔어요 : 行きました　　　　-러/으러 : ～（し）に
선물 : プレゼント
그리고 : そして

日本語訳
ミヌ : エリさん、昨日は何をしましたか。
エリ : 市場に行きました。
ミヌ : 何を買いに行きましたか。
エリ : カバンを一つ買いました。
　　　そして友達の誕生日プレゼントも一個買いました。

キーポイント

Ⅰ. 用言の過去形　　語幹＋았/었/했어요

母音	活用	用言	用　　例
陽母音 （ト, ㅗ）	해요体 았어요	앉/다（座る）	앉＋았어요→앉았어요 座りました
		오/다（来る）	오＋았어요→왔어요 来ました
	합니다体 았습니다	앉/다（座る）	앉＋았습니다→앉았습니다 座りました
		오/다（来る）	오＋았습니다→왔습니다 来ました
陰母音 （ト, ㅗ以外）	해요体 었어요	먹/다（食べる）	먹＋었어요→먹었어요 食べました
		서/다（立つ）	서＋었어요→섰어요 立ちました
	합니다体 었습니다	먹/다（食べる）	먹＋었습니다→먹었습니다 食べました
		서/다（立つ）	서＋었습니다→섰습니다 立ちました
하다 （する）	해요体 했어요	운동/하다 （運動する）	운동했어요）（運動しました）
			전화했어요（電話しました）
	합니다体 했습니다	전화/하다 （電話する）	운동했습니다（運動しました）
			전화했습니다（電話しました）

Ⅱ. 目的、意図を表す　　～러/으러　「～（し）に」
◆パッチムのある動詞＋으러、パッチムのない動詞/ㄹパッチム動詞＋러
친구와 영화를 보러 갔어요.　　友たちと映画を見に行きました。
점심 먹으러 갔어요.　　昼ご飯を食べに行きました。
내일 친구들이 놀러 와요.　　明日、友人たちが遊びに来ます。

トレーニング

1 次の語句を過去形にしてみよう。

① 청소를 하다（掃除をする）→（　　　　　　　　　　）

② 친구를 만나다（友達に会う）→（　　　　　　　　　　）

③ 냉면을 먹다（冷麺を食べる）→（　　　　　　　　　　）

④ 약속이 있다（約束がある）→（　　　　　　　　　　）

⑤ 택시를 타다（タクシーに乗る）→（　　　　　　　　　　）

⑥ 시청에서 일하다（市庁で働く）→（　　　　　　　　　　）

2 日本語は韓国語に、韓国語は日本語に訳してみよう。

① このカバンは高かったです。

② 母と映画を見に行きました。

③ このドラマは面白かったです。

④ 아침에 빵을 먹었어요.

⑤ 공부하러 갔어요.

⑥ 그 사람을 좋아했어요?

3 質問に答えてみよう。

① 주말(週末)에 뭐 했어요?
→ _____

② 아침에 뭐 먹었어요?
→ _____

③ 여름방학(夏休み)에 뭐 했어요?
→ _____

④ 어제 몇 시에 잤어요?
→ _____

4 a, b, c に 1~3 の語句を入れて会話を完成させてみよう。

　　A：(　a　) 았/었/했어요?
　　B：(　b　) 았/었/했어요. 그리고 (　c　) 았/었/했어요.

① a : 일요일에 뭐 하다
　 b : 영화를 보다
　 c : 쇼핑도 하다.

② a : 아침에 뭐 먹다
　 b : 빵하고 과일(果物)을 먹다
　 c : 우유도 마시다(飲む)

③ a : 생일에 뭐 받다(もらう)
　 b : 꽃(お花)을 받다
　 c : 케이크(ケーキ)도 받다

総合練習問題8

1 次の用言を適切な形に直して空欄を埋めよう。

	～아요/어요/해요（해요体） ～았/었/했어요（過去形）	～지 않아요（否定形） ～지 않았어요（過去の否定形）
例 앉다 （座る）	앉아요/座ります 앉았어요/座りました	앉지 않아요/座りません 앉지 않았어요/座りませんでした
① 오다 （来る）		
② 먹다 （食べる）		
③ 가다 （行く）		
④ 늦다 （遅い）		
⑤ 전화하다 （電話する）		
⑥ 조용하다 （静かだ）		
⑦ 마시다 （飲む）		
⑧ 좋다 （良い）		

コラム 9

한국(韓国)의 김치(キムチ)문화(文化)

　김치(キムチ)は、唐辛子、動物性食品である塩辛などと共に野菜を漬け込んだ発酵食品である。栄養価が高く、独特の味があり、韓国を代表する食品となっている。한국인(韓国人)の食卓には一食とも欠かせないもので、各家庭では12月あたりに、김장(キムジャン)という冬越しの김치(キムチ)を大量に漬けて、大きな壺に入れたあと、庭を掘って埋め、常備食にしてきた。

　しかし、近年は保管する場所が確保しにくく、いつでも野菜が手に入るようになり、昔ほど漬けない。また、住居様式と生活様式の変化と共に、食生活もグローバル化し、食品産業と外食産業が急激に発達した。家庭でも料理するのに簡便な食品やインスタント食品を使うことが増えている。

　韓国食品の代名詞とも言える김치(キムチ)を好まない若者も増えている。家でも김치(キムチ)を漬けずに、食品工場で製造された김치(キムチ)を買って食べるという家庭が増えている。ただし、多くの家庭では김치(キムチ)専用의 김치냉장고(キムチ冷蔵庫)を持っている。

キムチ冷蔵庫 1ドアタイプ

キムチ冷蔵庫に保存されているキムチ

第20課 쇼핑하고 싶어요. ショッピングしたいです。

에리 : 민우 씨, 오늘 오후 시간 있어요?
민우 : 네, 있어요.
에리 : 같이 쇼핑하고 싶어요.
에리 : 사실 다음 주가 친구 생일이에요.
　　　그래서 친구한테 선물하고 싶어요.
민우 : 좋아요! 저도 가고 싶었어요.

語句
쇼핑：ショッピング
그래서：それで、だから
사실：実は
-고 싶었어요：～(し)たかったです
-고 싶어요：～(し)たいです
-한테：～(人)に

日本語訳
エリ：ミヌさん、今日の午後、時間ありますか。
ミヌ：はい、あります。
エリ：一緒にショッピングしたいです。
エリ：実は、来週友達の誕生日です。
　　　それで、友達にプレゼントしたいです。
ミヌ：いいですよ。私も行きたかったです。

キーポイント

Ⅰ．願望を表す表現　　～고 싶다　　「～(し)たい」

◆パッチムの有無に関係なく、語幹＋～고 싶다

마시다（飲む）→마시고 싶어요．（飲みたいです）
먹다（食べる）→먹고 싶습니다．（食べたいです）

Ⅱ．容認の表現　아/어形＋도 돼요　　「～てもいいです（か）」

母音	用言	用　例
陽母音 （ㅏ，ㅗ）	앉/다（座る）	앉＋아도→앉아도 돼요． 座ってもいいです。
	오/다（来る）	오＋아도→와도 돼요？ 来てもいいですか。
陰母音 （ㅏ，ㅗ以外）	먹/다（食べる）	먹＋어도→먹어도 돼요 食べてもいいです。
	서/다（立つ）	서＋어도→서도 돼요？ 立ってもいいですか。
하다 （する）	운동/하다（運動する）	운동해도 돼요． 運動してもいいです。

Ⅲ．助詞　～한테，～에게，～께　　「～(人)に」

◆パッチムの有無に関係なく接続する

	主に話し言葉	主に書き言葉	尊敬形
～(人)に	한테	에게	께
	친구한테	친구에게	선생님께
	友達に	友達に	先生に

친구한테 전화해요．　　　友達に電話する。
어머니께 편지를 써요．　　母に手紙を書きます。
저에게 주세요．　　　　　私にください。

第20課　쇼핑하고 싶어요. ショッピングしたいです。

　　トレーニング

1　次の語を「〜したいです」「〜してもいいですか」という해요体の文にしてみよう。

① 쇼핑하다 → （　　　　　　　　　　）（　　　　　　　　　　　　　）

② 공부하다 → （　　　　　　　　　　）（　　　　　　　　　　　　　）

③ 먹다 → （　　　　　　　　　　）（　　　　　　　　　　　　　）

④ 유학하다 → （　　　　　　　　　　）（　　　　　　　　　　　　　）

⑤ 사다 → （　　　　　　　　　　）（　　　　　　　　　　　　　）

⑥ 마시다 → （　　　　　　　　　　）（　　　　　　　　　　　　　）

2　日本語は韓国語に、韓国語は日本語に訳してみよう。

① 友達とショッピングしたいです。　_____
② お酒を飲んでもいいですか。　_____
③ 友達に電話したいです。　_____
④ 외국영화를 보고 싶어요.　_____
⑤ 초밥을 먹고 싶어요.　_____
⑥ 화장실에 가도 돼요?　_____

3 例にならって文をつくり、話してみよう。

例 한국에 유학하다/한국어를 공부하다
　　韓国に留学する/韓国語を勉強する
　　　　　　→ 한국에 유학하고 싶어요. 그래서 한국어를 공부해요.
　　　　　　　　韓国に留学したいです。それで韓国語を勉強します。

① 대학에 합격하다/열심히 공부하다
　　大学に合格する/一生懸命勉強する　　　　　＿＿＿＿＿＿＿＿＿＿

② 친구를 만나다/친구한테 전화하다
　　友達に会う/友達に電話する　　　　　　　　＿＿＿＿＿＿＿＿＿＿

③ 한국 요리를 먹다/한국 가게에 가다
　　韓国料理を食べる/韓国料理のお店に行く　　＿＿＿＿＿＿＿＿＿＿

④ 명품 옷을 사다/열심히 아르바이트하다
　　ブランド服を買う/一生懸命アルバイトをする　＿＿＿＿＿＿＿＿＿＿

4 質問に答えてみよう。

① 방학에 뭐 하고 싶어요?
　　　　　　　→ ＿＿＿＿＿＿＿＿＿＿＿＿＿＿＿＿＿＿

② 졸업 후(卒業後) 무슨 일을 하고 싶어요?
　　　　　　　→ ＿＿＿＿＿＿＿＿＿＿＿＿＿＿＿＿＿＿

③ 뭐 먹고 싶어요?
　　　　　　　→ ＿＿＿＿＿＿＿＿＿＿＿＿＿＿＿＿＿＿

④ 어디에 여행(旅行) 가고 싶어요?
　　　　　　　→ ＿＿＿＿＿＿＿＿＿＿＿＿＿＿＿＿＿＿

第21課 열어 보세요. 開けてみてください。

민우 : 에리 씨, 이거 뭐예요?
에리 : 민우 씨 생일 선물이에요.
에리 : 한 번 열어 보세요.
민우 : 정말요? 감사합니다.
에리 : 생일 축하해요.
　　　앞으로도 많이 가르쳐 주세요.

語句
선물 : プレゼント　　　　　한 번 : 一回
열다 : 開ける　　　　　　정말 : 本当に
많이 : たくさん　　　　　앞으로도 : これからも
가르치다 : 教える
-어 주세요 : ～(し)てください
-어 보세요 : ～(し)てみてください

日本語訳
ミヌ : エリさん、これ何ですか。
エリ : ミヌさんの誕生日プレゼントです。
エリ : 一回開けてみてください。
ミヌ : 本当ですか。ありがとうございます。
エリ : 誕生日おめでとうございます。
　　　これからもたくさん教えてください。

キーポイント

Ⅰ．語幹＋아/어/해 주세요　「～(し)てください」
　　語幹＋아/어/해 보세요　「～(し)てみてください」

母音	活用	基本形	用　例
陽母音 (ㅏ,ㅗ)	아 주세요 아 보세요	사다 (買う)	자전거를 사 주세요 (自転車を買ってください)
		만나다 (会う)	한번 만나 보세요 (一回会ってみてください)
陰母音 (ㅏ,ㅗ以外)	어 주세요 어 보세요	기다리다 (待つ)	여기서 기다려 주세요 (ここで待ってください)
		웃다 (笑う)	웃어 보세요 (笑ってみてください)
하다 (する)	해 주세요 해 보세요	전화하다 (電話する)	내일 전화해 주세요 (明日電話してください)
		연습하다 (練習する)	많이 연습해 보세요 (たくさん練習してみてください)

Ⅱ．丁寧なニュアンスを加える助詞　～요　「～です」
　◆名詞、副詞、助詞、語尾などの後ろに付けることにより、その表現や文を丁寧な表現にする。

　　아이 씨는요?/교실에요. 愛さんは。/教室に。
　　왜 오늘 안 와요?/다른 약속이 있어서요.
　　　　　　　　　どうして今日来ないんですか。/他の約束があって。

第21課　열어 보세요. 開けてみてください。

[トレーニング]

1　次の語を「〜(し)てください」「〜(し)てみてください」という해요体の文にしてみよう。

① 켜다（つける）→ （　　　　　　　）（　　　　　　　）

② 바꾸다（代える）→ （　　　　　　　）（　　　　　　　）

③ 연습하다（練習する）→ （　　　　　　　）（　　　　　　　）

④ 열다（開ける）→ （　　　　　　　）（　　　　　　　）

⑤ 가르치다（教える）→ （　　　　　　　）（　　　　　　　）

⑥ 만나다（会う）→ （　　　　　　　）（　　　　　　　）

2　日本語は韓国語に、韓国語は日本語に訳してみよう。

① たくさん教えてください。

② 家で練習してみてください。

③ これ食べてみてください。

④ 에어컨을 켜 주세요.

⑤ 읽어 보세요.

⑥ 기다려 보세요.

3 例にならって文をつくってみよう。

例 시험(試験)이 있다/많이 연습하다(たくさん練習する)
　→시험이 있어요. 많이 연습해 주세요.
　　試験があります。たくさん練習してください。

① 값이 비싸다(値段が高い)/값을 깎다(値段をまける)
　→

② 사진을 찍다(写真を撮る)/웃다(笑う)
　→

③ 실내는 깨끗하다(室内はきれいだ)/신발을 벗다(履物を脱ぐ)
　→

④ 어렵다(難しい)/가르치다(教える)
　→

4 例にならって文をつくり、話してみよう。

例 재미있다/보다 → 재미있었어요. 봐 보세요.

① 불고기를 만들다(作る)/먹다
　→

② 선물을 사다/열다
　→

③ 맛있다/먹다
　→

第22課 무슨 일을 하세요? どんなお仕事をされますか。

에리 : 이분은 누구세요?
민우 : 제 아버지세요.
에리 : 아버님은 무슨 일을 하세요?
민우 : 회사에 근무하세요.

語句
-분 : ～方
이분 : この方
-님 : ～様
아버님 : お父様
일 : 仕事
-(이)세요 : 体言の尊敬語の活用形
-(으)세요 : 用言の尊敬語の活用形

日本語訳
エリ : この方はどなたですか。
ミヌ : 私のお父さんです。
エリ : お父さんは、どんなお仕事をされますか。
ミヌ : 会社に勤めております。

キーポイント

Ⅰ．尊敬語の活用（動詞）

パッチム	基本形	活用			
		해요体	합니다体	해요体の過去形	합니다体の過去形
あり	앉다	語幹＋으세요 앉으세요	語幹＋으십니다 앉으십니다	語幹＋으셨어요 앉으셨어요	語幹＋으셨습니다 앉으셨습니다
無し	오다	語幹＋세요 오세요	語幹＋십니다 오십니다	語幹＋셨어요 오셨어요	語幹＋셨습니다 오셨습니다
ㄹ	살다	語幹＋세요 사세요	語幹＋십니다 사십니다	語幹＋셨어요 사셨어요	語幹＋셨습니다 사셨습니다

Ⅱ．尊敬語の活用（名詞）

パッチム	基本形	活用			
		해요体	합니다体	해요体の過去形	합니다体の過去形
あり	학생	語幹＋이세요 학생이세요	語幹＋이십니다 학생이십니다	語幹＋이셨어요 학생이셨어요	語幹＋이셨습니다 학생이셨습니다
無し	주부	語幹＋세요 주부세요	語幹＋십니다 주부십니다	語幹＋셨어요 주부셨어요	語幹＋셨습니다 주부셨습니다

Ⅲ．尊敬語の特殊例

日本語に「いる」に対して「いらっしゃる」という尊敬語があるように、韓国語にも最初から尊敬語として存在する動詞がある。

基本形	現在形	過去形
계시다（いらっしゃる）	계세요/계십니다	계셨어요/계셨습니다
주무시다（お休みになる）	주무세요/주무십니다	주무셨어요/주무셨습니다
드시다（召し上がる）	드세요/드셨습니다	드셨어요/드셨습니다

第22課　무슨 일을 하세요? どんなお仕事をされますか。

$$\boxed{トレーニング}$$

1　例にならって次の表を完成してみよう。

基本形	尊敬語		尊敬語の過去形	
	합니다体	해요体	합니다体	해요体
사다 （買う）	사십니다	사세요	사셨습니다	사셨어요
오다 （来る）				
하다 （する）				
보다 （見る）				
가다 （行く）				
크다 （大きい）				
웃다 （笑う）				
읽다 （読む）				
받다 （受け取る）				
살다 （住む）				
타다 （乗る）				
아프다 （痛い）				

2 次の文を「・・・が〜されましたか」という敬語の文にしてみよう。

① 선생님（先生）、학교에 계시다（学校にいらっしゃる）
　→ _____

② 아버님（お父様）、주무시다（お休みになる）
　→ _____

③ 어머님（お母様）、냉면을 드시다（冷麺を召し上がる）
　→ _____

④ 손님（お客様）、주문하다（注文する）
　→ _____

3 a，b に下記の語句を入れて言ってみよう。

　　A:（　a　）세요/이세요?　　B: 네,（　b　）예요/이에요.

① a 한국 분(韓国の方)
　b 한국 사람　_____

② a 야마다 선생님
　b 야마다　_____

③ a 아버님
　b 제 아버지　_____

④ a 영미 씨 친구
　b 영미 친구　_____

総合練習問題 9

1 次の用言を適切な形に直して空欄を埋めよう。

	-고 싶어요	-어/아 보세요
하다 (する)		
보다 (見る)		
돌아가다 (帰る)		
가르치다 (教える)		
빌리다 (借りる)		
있다 (ある/いる)		
먹다 (食べる)		
듣다 (聞く)		

2 日本語は韓国語に、韓国語は日本語に訳してみよう。

① ここに書いても大丈夫です。

② 家に帰っても大丈夫ですか。

③ 作ってみてください。

④ 친구하고 같이 드라이브하고 싶어요.

⑤ 한국 드라마를 보고 싶어요.

⑥ 전화를 걸어 보세요.

コラム 10

한국(韓国)の食文化

　한국(韓国)では食事の時、基本的に젓가락(箸)と숟가락(スプーン)を使う。밥(ご飯)と국(スープ)は、숟가락(スプーン)を、おかずなどは젓가락(箸)を使う。そして일본(日本)では젓가락(箸)を横向きに置くのに対し、한국(韓国)では右側・縦方向に置く。

　일본(日本)では片手で食器を持ち上げ、젓가락(箸)でご飯を食べるのに対し、한국(韓国)では食器は置いたまま、숟가락(スプーン)でご飯を食べる。한국(韓国)で食器を持ち上げて食べることは礼儀正しくない。

　そして、和食は食材の持ち味を生かすのが料理の基本とされるが、한국요리(韓国料理)は食材の多彩な味を総合的に楽しむ食文化である。その代表的なものが비빔밥（ビビンバ）である。きれいに混ぜ合わせていろいろな食材の味と香りを堪能する。

朝鮮時代のスラサン（王と王妃の日常食膳）の再現

第23課 민속촌에 갈 거예요. 民俗村に行くつもりです。

민우 : 에리 씨, 휴가 때 뭐 할 거예요?
에리 : 한국에 갈 거예요.
민우 : 한국에 가서 뭐 할 거예요?
에리 : 친구를 만날 거예요. 그리고 시간이 있으면 민속촌에 갈 거예요.

語句
휴가 : 休暇
때 : 時
민속촌 : 民俗村
ㄹ/을 거예요 : ～するつもりです
-아서 : ～て、～ので
-으면 : ～れば、～と、～たら

日本語訳
ミヌ : エリさん、休暇の時何をするつもりですか。
エリ : 韓国に行くつもりです。
ミヌ : 韓国に行って何をするつもりですか。
エリ : 友達に会うつもりです。そして時間があれば
　　　民俗村に行くつもりです。

キーポイント

I.「〜するつもりです」という意志や意図の表現 －ㄹ/을 거예요

パッチム	基本形	用言の語幹＋ㄹ/을 거예요
あり	입다	語幹＋을 거예요 한복을 입을 거예요（韓服を着るつもりです）
無し	가다	語幹＋ㄹ 거예요 한국에 갈 거예요（韓国に行くつもりです）
ㄹ	살다	語幹＋거예요 일본에 살 거예요（日本に住むつもりです）

II.「〜て」、「〜ので」と理由や根拠を表す。「〜して」と二つの行為の前後を表す －아서/어서

母音	基本形	活用	用　例
陽母音 （ㅏ,ㅗ）	사다 （会う）	아서	떡볶이를 사서 먹었어요． （トッポキを買って食べました）
陰母音 （ㅏ,ㅗ以外）	늦다 （遅れる）	어서	늦어서 미안해요． （遅れてごめんなさい）
하다 （する）	좋아하다 （電話する）	해서	이 노래를 좋아해서 자주 들어요． （この歌が好きでよく聞きます）

III. 仮定や条件を表す －면/으면　「〜れば、〜と、〜たら」

パッチム	基本形	語幹＋면/으면
あり	있다	語幹＋으면 시간이 있으면 놀러 오세요． （時間があれば遊びにきてください）
無し	아프다	語幹＋면 아프면 병원에 가요． （痛ければ病院に行きなさい）
ㄹ	살다	語幹＋면 도시에 살면 힘들어요． （都市に住むと疲れます）

トレーニング

1 次の語句を「〜の時〜するつもりです」という文にしてみよう。

① 휴가
　영화를 보다　＿＿＿＿＿＿＿＿＿＿＿＿＿＿＿＿＿＿＿
② 방학
　미국에 가다　＿＿＿＿＿＿＿＿＿＿＿＿＿＿＿＿＿＿＿
③ 시험
　공부하다　　＿＿＿＿＿＿＿＿＿＿＿＿＿＿＿＿＿＿＿
④ 결혼식
　한복을 입다　＿＿＿＿＿＿＿＿＿＿＿＿＿＿＿＿＿＿＿
⑤ 생일
　파티를 하다　＿＿＿＿＿＿＿＿＿＿＿＿＿＿＿＿＿＿＿
⑥ 추석
　친구를 만나다　＿＿＿＿＿＿＿＿＿＿＿＿＿＿＿＿＿

2 日本語は韓国語に、韓国語は日本語に訳してみよう。

① お金があったら何をしたいですか。　＿＿＿＿＿＿＿＿＿＿

② 家が遠くて引っ越しました。　＿＿＿＿＿＿＿＿＿＿＿＿＿

③ コンビニでパンを買って食べました。　＿＿＿＿＿＿＿＿＿

④ 맛있어서 많이 먹었어요.　＿＿＿＿＿＿＿＿＿＿＿＿＿＿

⑤ 책을 빌리고 싶어서 도서관에 갔어요.　＿＿＿＿＿＿＿＿

⑥ 비가 오면 안 갈 거예요.　＿＿＿＿＿＿＿＿＿＿＿＿＿＿

3 質問に答えてみよう。

① 방학에 뭐 할 거예요?
　　　　　　　　→ _____

② 졸업 후(卒業後) 뭐 할 거예요?
　　　　　　　　→ _____

③ 스트레스가 쌓이면 어떻게 풀어요? (쌓이다:たまる、풀다:解消する)
　　　　　　　　→ _____

④ 주말에 어디 갈 거예요?
　　　　　　　　→ _____

4 aの語句とbの語句を-면/으면で結びつけて文を完成させてみよう。

① a. 맛있는 가게가 있다　　b. 안내해 주세요.
　　　　　　　　→ _____

② a. 돈이 있다　　b. 만원만 빌려 주세요. (빌리다:借りる)
　　　　　　　　→ _____

③ a. 이 길로 쭉 (ずっと) 가다　　b. 사거리 (交差点) 가 보여요.
　　　　　　　　→ _____

④ a. 날씨가 좋다　　b. 기분도 좋아요. (기분:気分)
　　　　　　　　→ _____

第24課 잘 못 써요. 上手く書けません。

민우 : 에리 씨, 한국말 너무 잘하네요.
에리 : 정말요? 고마워요.
민우 : 한국말로 편지도 쓸 수 있어요?
에리 : 편지는 아직 잘 못 써요.

|語句|
한국말 : 韓国語　　　　　네요 : ～ですね
편지 : 手紙　　　　　　　쓰다 : 書く
-ㄹ/을 수 있다 : ～（する）ことができる
아직 : まだ
못 : ～できない

|日本語訳|
ミヌ : エリさん、韓国語とても上手ですね。
エリ : 本当ですか。ありがとうございます。
ミヌ : 韓国語で手紙も書くことができますか。
エリ : 手紙はまだ上手く書けません。

キーポイント

Ⅰ．「することができる」という可能の表現　　～ㄹ/을 수 있다

パッチム	基本形	語幹＋ㄹ/을 수 있다	
		해요体	합니다体
あり	앉다	語幹＋을 수 있어요 앉을 수 있어요	語幹＋을 수 있습니다 앉을 수 있습니다
無し	오다	語幹＋ㄹ 수 있어요 올 수 있어요	語幹＋ㄹ 수 있습니다 올 수 있습니다
ㄹ	알다	語幹＋수 있어요 알 수 있어요	語幹＋수 있습니다 알 수 있습니다

◆可能の表現「語幹＋ㄹ/을 수 있다」の語幹＋ㄹ/을 수 있다「ある」の部分を없다「ない」にすると「語幹＋ㄹ/을 수 없다」という不可能の表現になる。次の不可能の表現と、意味やニュアンスはほとんど変わらない。

Ⅱ．不可能の表現
◆パッチムの有無に関係なく、못＋動詞、語幹＋지 못하다

基本形	못＋動詞		語幹＋지 못하다	
	해요体	합니다体	해요体	합니다体
먹다	못 먹어요	못 먹습니다	먹지 못해요	먹지 못합니다
오다	못 와요	못 옵니다	오지 못해요	오지 못합니다
하다	못 해요	못 합니다	하지 못해요	하지 못합니다

Ⅲ．用言の語幹＋네요　「～ですね、～ますね」
◆相手に同意を求めたり、同感していることを表す。また、何かに気づいたり、驚きを感じたときに使う。
　오다（来る）→오네요（来ますね）
　덥다（暑い）→덥네요（暑いですね）
　쓸 수 있다（書ける）→쓸 수 있네요（書けますね）
　멀다（遠い）→머네요（遠いですね）

第23課　잘 못 써요. 上手く書けません。

トレーニング

1 次の語を「～することができる」「～することができない」という해요体の文にしてみよう。

① 타다（乗る）→（　　　　　　　）　（　　　　　　　　）

② 만들다（作る）→（　　　　　　　）　（　　　　　　　　）

③ 하다（する）→（　　　　　　　）　（　　　　　　　　）

④ 읽다（読む）→（　　　　　　　）　（　　　　　　　　）

⑤ 입다（着る）→（　　　　　　　）　（　　　　　　　　）

⑥ 만나다（会う）→（　　　　　　　）　（　　　　　　　　）

2 次の文を「못」と「지 못해요」を使い、不可能の疑問文にしてみよう。

① 술을 마시다
（お酒を飲む）　_____
② 중국어를 하다
（中国語を話す）　_____
③ 호텔을 예약하다
（ホテルを予約する）　_____
④ 요리를 하다
（料理をする）　_____
⑤ 담배를 피우다
（タバコを吸う）　_____
⑥ 신문을 읽다
（新聞を読む）　_____

3 例にならって文をつくり、話してみよう。

例 여행 가다 (旅行に行く) /일이 많다 (仕事が多い)
→ 여행 갈 수 있어요?
아뇨, 일이 많아서 못 가요.

① 지금 오다 (今来る) /비가 오다 (雨が降る)
→ _____

② 오늘 만나다 (今日会う) /약속이 있다 (約束がある)
→ _____

③ 김치를 먹다 (キムチを食べる) /맵다 (辛い)
→ _____

④ 반지를 사다 (指輪を買う) /돈이 없다 (お金がない)
→ _____

4 a, b に 1〜4 の語句を入れて会話を完成させてみよう。

A: (a) 네요
B: 네, (b) 아요/어요.

① a 비가 오다 (雨が降る)
b 날씨가 안 좋다 (天気がよくない)

② a 멀다 (遠い)
b 택시로 가다 (タクシーで行く)

③ a 방이 좁다 (部屋が狭い)
b 짐이 많다 (荷物が多い)

④ a 일본에서 예약할 수 있다 (日本で予約できる)
b 너무 편리하다 (とても便利だ)

付録

助詞のまとめ

パッチムの有無に関係のある助詞

助　詞		パッチム	例　文	
は	은	有	여동생은 회사원이에요.	妹は会社員です。
	는	無	저는 학생이에요.	私は学生です。
が	이	有	도서관이 있어요.	図書館があります。
	가	無	친구가 있어요.	友達がいます。
を	을	有	무엇을 해요?	何をしますか。
	를	無	공부를 해요.	勉強をします。
と	과	有	선생님과 같이 가요.	先生と一緒に行きます。
	와	無	누구와 가요?	誰と行きますか。
で	으로	有	펜으로 써요.	ペンで書きます。
	로	無	전차로 가요.	電車で行きます。

パッチムの有無とは関係のない助詞

助　詞		例　文	
も	도	요리도 해요.	料理もします。
		여동생도 있어요.	妹もいます。
に	에	회사에 있어요.	会社にいます。
		집에 있어요.	家にいます。
で	에서	학교에서 공부해요.	学校で勉強します。
		도서관에서 공부해요.	図書館で勉強します。
から	부터（時間）	한 시부터 시작해요.	1時から始まります。
		지금부터 가요.	これから行きます。
まで	까지	네 시까지 해요.	4時までします。
		내일까지 할게요.	明日までやります。

用言の活用表

基本形	現在形 합니다体 해요体	過去形 합니다体 해요体	未来形 합니다体 해요体
가다 行く	갑니다 가요	갔습니다 갔어요	가겠습니다 가겠어요
보다 見る	봅니다 봐요	봤습니다 봤어요	보겠습니다 보겠어요
좋다 良い	좋습니다 좋아요	좋았습니다 좋았어요	좋겠습니다 좋겠어요
마시다 飲む	마십니다 마셔요	마셨습니다 마셨어요	마시겠습니다 마시겠어요
주다 あげる	줍니다 줘요	줬습니다 줬어요	주겠습니다 주겠어요
먹다 食べる	먹습니다 먹어요	먹었습니다 먹었어요	먹겠습니다 먹겠어요
없다 ない	없습니다 없어요	없었습니다 없었어요	없겠습니다 없겠어요
하다 する	합니다 해요	했습니다 했어요	하겠습니다 하겠어요
듣다 聞く	듣습니다 들어요	들었습니다 들었어요	듣겠습니다 듣겠어요
살다 住む	삽니다 살아요	살았습니다 살았어요	살겠습니다 살겠어요
춥다 寒い	춥습니다 추워요	추웠습니다 추웠어요	춥겠습니다 춥겠어요
그렇다 そうだ	그렇습니다 그래요	그랬습니다 그랬어요	그렇겠습니다 그렇겠어요
바쁘다 忙しい	바쁩니다 바빠요	바빴습니다 바빴어요	바쁘겠습니다 바쁘겠어요

用言の活用表

基本形	否定形 (안〜)		否定形 (〜지 않다)	
	합니다体	해요体	합니다体	해요体
가다 行く	안 갑니다	안 가요	가지 않습니다	가지 않아요
보다 見る	안 봅니다	안 봐요	보지 않습니다	보지 않아요
좋다 良い	안 좋습니다	안 좋아요	좋지 않습니다	좋지 않아요
마시다 飲む	안 마십니다	안 마셔요	마시지 않습니다	마시지 않아요
주다 あげる	안 줍니다	안 줘요	주지 않습니다	주지 않아요
먹다 食べる	안 먹습니다	안 먹어요	먹지 않습니다	먹지 않아요
없다 ない	―	―	―	―
하다 する	안 합니다	안 해요	하지 않습니다	하지 않아요
듣다 聞く	안 듣습니다	안 들어요	듣지 않습니다	듣지 않아요
살다 住む	안 삽니다	안 살아요	살지 않습니다	살지 않아요
춥다 寒い	안 춥습니다	안 추워요	춥지 않습니다	춥지 않아요
그렇다 そうだ	안 그렇습니다	안 그래요	그렇지 않습니다	그렇지 않아요
바쁘다 忙しい	안 바쁩니다	안 바빠요	바쁘지 않습니다	바쁘지 않아요

用言の活用表

基本形	尊敬形		尊敬の過去形	
	합니다体	해요体	합니다体	해요体
가다 行く	가십니다	가세요	가셨습니다	가셨어요
보다 見る	보십니다	보세요	보셨습니다	보셨어요
좋다 良い	좋으십니다	좋으세요	좋으셨습니다	좋으셨어요
되다 なる	되십니다	되세요	되셨습니다	되셨어요
먹다 食べる	드십니다	드세요	드셨습니다	드셨어요
있다 ある	계십니다	계세요	계셨습니다	계셨어요
없다 ない	안 계십니다	안 계세요	안 계셨습니다	안 계셨어요
하다 する	하십니다	하세요	하셨습니다	하셨어요
듣다 聞く	들으십니다	들으세요	들으셨습니다	들으셨어요
살다 住む	사십니다	사세요	사셨습니다	사셨어요
춥다 寒い	추우십니다	추우세요	추우셨습니다	추우셨어요
그렇다 そうだ	그러십니다	그러세요	그러셨습니다	그러셨어요
바쁘다 忙しい	바쁘십니다	바쁘세요	바쁘셨습니다	바쁘셨어요

発音のまとめ

1. 連音化
パッチムの後に「ㅇ」が続くと、パッチムが「ㅇ」の場所に移動して発音される。

例：한국어（韓国語）→ 한구거
　　집에（家に）→ 지베
　　생일（誕生日）→ 생일　◆パッチム「ㅇ」は、連音化しない。

2. 鼻音化
パッチムの発音「ㄱ」「ㄷ」「ㅂ」の後に「ㄴ」「ㅁ」が続くと、「ㄱ」「ㄷ」「ㅂ」がそれぞれ鼻音「ㅇ」「ㄴ」「ㅁ」に変化する。

例：박물관（博物館）→ 방물관
　　몇년（何年）→ 면년
　　입문（入門）→ 임문

3. 激音化
①パッチムの発音「ㄱ」「ㄷ」「ㅂ」の後に「ㅎ」が続くと、「ㄱ」「ㄷ」「ㅂ」がそれぞれの激音「ㅋ」「ㅌ」「ㅍ」に発音される。

例：축하（祝賀）→ 추카
　　못해요（できません）→ 모태요

입학（入学）→ 이팍

②パッチム「ㅎ」の後に「ㄱ」「ㄷ」「ㅈ」が続くと、「ㄱ」「ㄷ」「ㅈ」がそれぞれの激音「ㅋ」「ㅌ」「ㅊ」に発音される。

例：어떻게（どうやって）→ 어떠케
　　많다（多い）→ 만타
　　좋지만（良いけれど）→ 조치만

4. 濃音化

パッチムの発音「ㄱ」「ㄷ」「ㅂ」の後に「ㄱ」「ㄷ」「ㅂ」「ㅅ」「ㅈ」が続くと、「ㄱ」「ㄷ」「ㅂ」「ㅅ」「ㅈ」がそれぞれの濃音「ㄲ」「ㄸ」「ㅃ」「ㅆ」「ㅉ」に発音される。

例：학교（学校）→ 학꾜
　　있다（ある）→ 읻따
　　출입구（出入り口）→ 추립꾸

5. 流音化

パッチム「ㄴ」の次に「ㄹ」が、あるいはパッチム「ㄹ」の次に「ㄴ」が続くと、「ㄴ」が「ㄹ」に発音される。

例：한류（韓流）→ 할류
　　설날（正月）→ 설랄

6. 口蓋音化

パッチム「ㄷ」「ㅌ」の後に「이」が続くと、「ㄷ」は「ㅈ」、「ㅌ」は「ㅊ」に発音される。

例：굳이（あえて）→ 구지
　　같이（一緒に）→ 가치

7. 「ㅎ」音の変化

①パッチム「ㄴ」「ㄹ」「ㅁ」「ㅇ」の次に「ㅎ」が続くと、「ㅎ」は弱くなりほとんど発音されない。

例：전화（電話）→ 저놔
　　미안해요（ごめんなさい）→ 미아내요

②「ㅎ」パッチムの後に母音が続くと、「ㅎ」は発音されない。

例：좋아요（良いです）→ 조아요
　　많아요（多いです）→ 마나요

8. 「ㄴ」の挿入

2つの単語が結合するとき、2番目の語が母音「야,여,여,유,이」の場合、「ㄴ」が挿入され「냐,녀,뇨,뉴,니」に発音される。

例：무슨 요일（何の曜日）→ 무슨뇨일
　　한국 요리（韓国料理）→ 한국뇨리 → 한궁뇨리

韓－日単語集（가나다라順）

ㄱ

～가	～が
～가 아니에요	～ではありません（か）
가게	お店
가르치다	教える
가수	歌手
가스	ガス
가짜	偽物
값	値段
같이	一緒に
～개	～個
～거	～もの
거기	そこ
겨울방학	冬休み
계시다	いらっしゃる
～고 싶다	～（し）たい
고마워요	ありがとうございます
고양이	猫
곧	すぐに
공	零
과일	果物
관심	関心
괜찮아요	大丈夫です
교과서	教科書
교실	教室
구	九
구두	靴
그	その
그거	それ（그것の縮約形）
그건	それは（그것은の縮約形）
그것	それ
그게	それが（그것이の縮約形）
그래서	それで、だから
그렇습니까	そうですか
그리고	そして
그리다	描く
그림	絵
그저께	おととい
근무하다	勤める
근처	近く
금요일	金曜日
기다리다	待つ
기차	汽車
～까지	～まで
깎다	（値段を）まける
깨끗하다	きれいだ
～께서	～がの尊敬表現
～께서는	～はの尊敬表現
꼬마	ちびっ子
꽃	お花

ㄴ

나	私
나이	年齢
내일	明日
냉면	冷麺
너무	すごく、とても

네~	四つの
네	はい、ええ
넷	四つ
년	年
노래	歌
노트	ノート
놀다	遊ぶ
누구	誰
뉴스	ニュース
~는	~は
늦다	遅い

ㄷ

다	すべて
다른	他の
다섯	五つ
다이어트	ダイエット

ㄹ

~러	~（し）に
~를	~を
리포트	レポート

ㅁ

마리	匹
마시다	飲む
마흔	四十
만	万
만나다	会う
만들다	作る
많다	多い
많이	たくさん
말씀	お話
말하다	言う
맛있다	おいしい
매일	毎日
맵다	辛い
먹다	食べる
멋있다	かっこいい
메뉴	メニュー
~명	~名
명동	明洞
명품	ブランド
몇~	何~
몇 번	何番
몇 시	何時
몇 학년	何年生
모레	あさって
목요일	木曜日
무슨 요일	何曜日
무시	無視
무엇	何
묻다	尋ねる
뭐	何
미안해요	ごめんなさい、すみません

ㅂ

바꾸다	代える、変える
바나나	バナナ
반갑습니다	嬉しいです
받다	受け取る
밤	夜

밥	ご飯		삼	三
백	百		생신	お誕生日
버스	バス		생일	誕生日
～번	～回		서다	立つ
번호	番号		서른	三十
벗다	脱ぐ		선물	プレゼント
～병	～本		선생님	先生
보내다	送る		설렁탕	ソルロンタン
보다	見る		성함	お名前
보리차	麦茶		세～	三つの～
보통	普通、普段		세수를 하다	顔を洗う
부탁하다	頼む、お願いする		셋	三つ
～부터	～から		소주	焼酎
분	方（かた）		쇼핑	ショッピング
～분	～分		수업	授業
불고기	プルコギ		수요일	水曜日
비빔밥	ビビンバ		숙제	宿題
비싸다	高い		술	お酒
빵	パン		쉰	五十
ㅅ			슈퍼	スーパー
사	四		스무～	二十の～
사과	りんご		스무 살	二十歳
사다	買う		스물	二十
사람	人		스커트	スカート
사랑	愛		～시	～時
사실	実は		시간	時間
사진	写真		시장	市場
～살	～歳		시험	試験
살다	住む		식사	食事

신문	新聞
신발	履き物
실내	室内
십	十
싸다	安い
쓰다	書く
～씨	～氏、～さん

ㅇ

아까	さっき
아뇨	いいえ
아니에요	いいえ、どういたしまして
아르바이트	アルバイト
아버님	お父様
아버지	お父さん、父
아빠	お父さん、お父ちゃん
아이	子供
아저씨	おじさん
아침	朝、朝ご飯
아프다	痛い
아홉	九つ
아흔	九十
안내	案内
안녕하세요	こんにちは、おはようございます
안녕히 가세요	さようなら（去る人に）
안녕히 계세요	さようなら（居残る人に）
앉다	座る
알다	知る
암시	暗示
앞으로도	これからも
야구	野球
약속	約束
얘기	話し
어느	どの
어느 것	どれ
어느 거	どれ（어느 것の縮約形）
어느 것이	どれが
어느 게	どれが（어느 것이の縮約形）
어디	どこ
어렵다	難しい
어머니	お母さん、母
어제	昨日
억	億
언제	いつ
얼굴	顔
얼마	いくら
엄마	お母さん、お母ちゃん
없다	ない、いない
없습니까?	ありませんか、いませんか
없습니다	ありません、いません
～에	～に
～에서	～で
여기	ここ
여덟	八つ
여동생	妹
여든	八十
여름방학	夏休み

여섯	六つ	요리	料理
여우	きつね	우리	我々
여유	余裕	우유	牛乳
여쭈다	尋ねる	운동하다	運動する
여행	旅行	웃다	笑う
역사	歴史	원	ウォン
연세	お年	～월	～月
연습	練習	월요일	月曜日
열	十	웨이터	ウェイター
열다	開ける	유학생	留学生
열심히	一生懸命	유학하다	留学する
영	零	육	六
영어	英語	～으러	～（し）に
영화	映画	～은	～は
옆	横、隣	～을	～を
예비	予備	음식	食べ物
예쁘다	かわいい	음악	音楽
예순	六十	의미	意味
～예요	～です	～이	～が
오	五	이	この
오늘	今日	이	二
오다	来る	이	歯
오빠	兄（女性から見た）	이거	これ（이것の縮約形）
오이	きゅうり	이건	これは（이것은の縮約形）
오전	午前	이것	これ
오후	午後	이것은	これは
옷	服	이것이	これが
왜	どうして、なぜ	이게	これが（이것이の縮約形）
외우다	覚える	이름	名前

이십	二十	재미있다	面白い
~이 아니에요	~ではありません	저	あの
~이에요	~です	저	私、わたくし
이유	理由	저거	あれ（저것の縮約形）
~일	~日	저건	あれは（저것은の縮約形）
일	一	저것	あれ
일	仕事	저것은	あれは
일곱	七つ	저것이	あれが
일본	日本	저게	あれが（저것이の縮約形）
일본사람	日本人	저기	あそこ
일본어	日本語	저녁	夕方
일어나다	起きる	저희	我々
일요일	日曜日	전공	専攻
일흔	七十	전하다	伝える
읽다	読む	전화하다	電話する
~입니까?	~ですか	점심	昼食
~입니다	~です	정말	本当（に）
입다	着る	제	私の
있다	いる、ある	조	兆
있습니까?	ありますか、いますか	조용하다	静かだ
있습니다	あります、います	졸업	卒業
ㅈ		좋다	いい、良い
자다	寝る	좋아하다	好む
~잔	~杯	주다	与える、あげる、くれる
잘	よく、気をつけて	주말	週末
잡수시다	召し上がる	주무시다	お休みになる
잡지	雑誌	주부	主婦
잡채	チャップチェ	주세요	ください
~장	~枚	주스	ジュース

죽다	死ぬ
즐겁다	楽しい
지갑	財布
지금	今
지도	地図
지리	地理
～지만	～が、～けれども
진지	ご飯
집	家
짜증나다	イライラする
찍다	撮る
ㅊ	
찾다	探す
천	千
청소	掃除
초등학교	小学校
축구	サッカー
축하해요	おめでとうございます
취미	趣味
～층	～階
치료	治療
치즈	チーズ
친구	友達
칠	七
ㅋ	
커피	コーヒー
컴퓨터	コンピューター
케이크	ケーキ
켜다	つける
크다	大きい、(背が) 高い
키스	キス
ㅌ	
타다	乗る
토요일	土曜日
ㅍ	
파티	パーティー
팔	八
편리하다	便利だ
편의점	コンビニ
편지	手紙
피우다	吸う
ㅎ	
～하고	～と
하나	一つ
하다	する
학교	学校
학생	学生
한～	一つの～
한국	韓国
한국사람	韓国人
한국어	韓国語
한류	韓流
～한테	～ (人) に
할머니	おばあさん
할아버지	おじいさん
합격하다	合格する
핸드폰	携帯電話
호주	オーストラリア

화요일	火曜日
회사	会社
회사원	会社員
～후	～後
후보	候補

日－韓単語集（50音順）

あ	
愛	사랑
会う	만나다
開ける	열다
あげる	주다, 드리다
朝	아침
朝ご飯	아침, 아침밥
あさって	모레
明日	내일
あそこ	저기
遊ぶ	놀다
与える	주다
兄（女性から見た）	오빠
あの	저
ありがとうございます	고마워요
ありません	없습니다, 없어요
ありませんか	없습니까, 없어요
ある	있다
アルバイト	아르바이트
あれ	저것
あれ	저거（저것의 縮約形）
あれが	저것이
あれが	저게（저것이의 縮約形）
あれは	저것은
あれは	저건（저것은의 縮約形）
暗示	암시
案内	안내

いい	좋다
いいえ	아뇨, 아니에요
言う	말하다
家	집
いくら	얼마
痛い	아프다
一	일
市場	시장
いつ	언제
一生懸命	열심히
一緒に	같이
五つ	다섯
いない	없다
今	지금
いません	없습니다, 없어요
いませんか	없습니까, 없어요
意味	의미
妹	여동생
イライラする	짜증나다
いらっしゃる	계시다
いる	있다
ウェーター	웨이터
ウォン	원
受け取る	받다
歌	노래
嬉しいです	반갑습니다
運動する	운동하다

付　録

129

絵	그림	お話	말씀
映画	영화	おはようございます	안녕하세요, 안녕하십니까
英語	영어	覚える	외우다
ええ	네	お店	가게
おいしい	맛있다	おめでとうございます	축하해요
多い	많다	面白い	재미있다
大きい	크다	お休みになる	주무시다
オーストラリア	호주	音楽	음악
お母さん	어머니, 엄마	**か**	
お母ちゃん	엄마	～が	～이/가
起きる	일어나다	～が	～께서
億	억	～が	～지만
送る	보내다	～回	～번
お酒	술	～階	～층
おじいさん	할아버지	会社	회사
教える	가르치다	会社員	회사원
おじさん	아저씨	買う	사다
遅い	늦다	換える	바꾸다
お誕生日	생신	代える	바꾸다
お父様	아버님	顔	얼굴
お父さん	아버지, 아빠	顔を洗う	세수를 하다
お父ちゃん	아빠	書く	쓰다
お年	연세	描く	그리다
おととい	그저께	学生	학생
お名前	성함	歌手	가수
お願いする	부탁하다	ガス	가스
おばあさん	할머니	かっこいい	멋있다
お花	꽃	学校	학교

火曜日	화요일	くれる	주다
～から	～부터	携帯電話	핸드폰
辛い	맵다	ケーキ	케이크
かわいい	예쁘다	月曜日	월요일
韓国	한국	けれども	지만
韓国語	한국어	～個	～개
韓国人	한국사람	五	오
関心	관심	～後	～후
韓流	한류	合格する	합격하다
汽車	기차	候補	후보
キス	키스	コーヒー	커피
きつね	여우	ここ	여기
昨日	어제	午後	오후
偽物	가짜	九つ	아홉
九	구	五十	쉰
九十	아흔	午前	오전
牛乳	우유	子供	아이
きゅうり	오이	この	이
今日	오늘	好む	좋아하다
教科書	교과서	ご飯	밥, 진지
教室	교실	これ	이것
着る	입다	これ	이거 (이것の縮約形)
きれいだ	깨끗하다	これが	이것이
金曜日	금요일	これが	이게 (이것이の縮約形)
ください	주세요	これからも	앞으로도
果物	과일	これは	이것은
靴	구두	これは	이건 (이것은の縮約形)
来る	오다	こんにちは	안녕하세요, 안녕하십니까

こんばんは	안녕하세요, 안녕하십니까	週末	주말
コンビニ	편의점	授業	수업
コンピューター	컴퓨터	宿題	숙제
さ		主婦	주부
～歳	～살	趣味	취미
財布	지갑	小学校	초등학교
探す	찾다	焼酎	소주
サッカー	축구	食事	식사
さっき	아까	ショッピング	쇼핑
雑誌	잡지	知る	알다
さようなら（居残る人に）	안녕히 계세요	新聞	신문
さようなら（その場を去る人に）	안녕히 가세요	水曜日	수요일
～さん	～씨	吸う	피우다
三	삼	スカート	스커트
三十	서른	すぐに	곧
四	사	すごく	너무
～氏	～씨	すべて	다
～時	～시	すみません	미안합니다, 미안해요
時間	시간	住む	살다
試験	시험	する	하다
仕事	일	座る	앉다
静かだ	조용하다	千	천
室内	실내	専攻	전공
実は	사실	先生	선생님
死ぬ	죽다	掃除	청소
写真	사진	そうですか	그렇습니까
十	십	そこ	거기
ジュース	주스	そして	그리고

卒業	졸업	地図	지도
その	그	父	아버지
ソルロンタン	설렁탕	ちびっ子	꼬마
それ	그것	チャップチェ	잡채
それ	그거（그것の縮約形）	昼食	점심
それが	그것이	兆	조
それが	그게（그것이の縮約形）	地理	지리
それで	그래서	治療	치료
それは	그것은	作る	만들다
それは	그건（그것은の縮約形）	つける	켜다

た

～（し）たい	～고 싶다	伝える	전하다
ダイエット	다이어트	勤める	근무하다
大丈夫です	괜찮아요	～で	～에서
（背が）高い	크다	手紙	편지
高い	비싸다	～です	～예요/이에요, ～입니다
だから	그래서, 그러니까	～ですか	～예요/이에요, ～입니까
たくさん	많이	～ではない	아니다
尋ねる	묻다, 여쭤다	電話する	전화하다
立つ	서다	～と	～와/과, ～하고
楽しい	즐겁다	どういたしまして	천만에요
頼む	부탁하다	どうして	왜
食べ物	음식	十	열
食べる	먹다	どこ	어디
誰	누구	とても	너무
誕生日	생일	隣	옆
チーズ	치즈	どの	어느
近く	근처	友達	친구
		土曜日	토요일

撮る	찍다	日本語	일본어
どれ	어느 것	日本人	일본사람
どれ	어느 거 (어느 것의 縮約形)	ニュース	뉴스
どれが	어느 것이	脱ぐ	벗다
どれが	어느 게 (어느 것이의 縮約形)	猫	고양이
な		値段	값
ない	없다	寝る	자다
なぜ	왜	～年	～년
夏休み	여름방학	年齢	나이
七	칠	ノート	노트
七十	일흔	飲む	마시다
七つ	일곱	乗る	타다
何	뭐, 무엇	は	
何～	몇～	～は	～은/는
名前	이름	～は	～께서는
何時	몇 시	歯	이
何年生	몇 학년	パーティー	파티
何番	몇 번	～杯	～잔
何曜日	무슨 요일	はい	예, 네
～（人）に	～한테	履き物	신발
～に	～러/으러	バス	버스
～に	～에	二十歳	스무 살
二	이	八	팔
二十	스물	八十	여든
二十	이십	話し	얘기
二十～	스무～	バナナ	바나나
～日	～일	母	어머니
日曜日	일요일	パン	빵

番号	번호	三つの〜	세〜
〜匹	〜마리	見る	보다
人	사람	麦茶	보리차
一つ	하나	無視	무시
一つの〜	한〜	難しい	어렵다
ビビンバ	비빔밥	六つ	여섯
百	백	〜名	〜명
服	옷	明洞	명동
普段	보통	召し上がる	잡수시다
普通	보통	メニュー	메뉴
冬休み	겨울방학	木曜日	목요일
ブランド	명품	〜もの	〜거
プルコギ	불고기	や	
プレゼント	선물	野球	야구
〜分	〜분	約束	약속
便利だ	편리하다	安い	싸다
他の	다른	八つ	여덟
〜本	〜병	夕方	저녁
本当（に）	정말	よい	좋다
ま		よく	잘
マート	마트	横	옆
〜枚	〜장	四つ	넷
毎日	매일	四つの〜	네〜
まける	깎다	予備	예비
待つ	기다리다	読む	읽다
〜まで	〜까지	余裕	여유
万	만	夜	밤
三つ	셋	四十	마흔

ら	
理由	이유
留学する	유학하다
留学生	유학생
料理	요리
旅行	여행
りんご	사과
零	공, 영
冷麺	냉면
歴史	역사
レポート	리포트
練習	연습
六	육
六十	예순

わ	
わたくし	저
私	나
私の	제
笑う	웃다
われわれ	우리, 저희
～を	～을/를

■著者紹介

金　河（Kim Ha）
就実大学非常勤講師
ベルリッツ岡山校非常勤講師
岡山県国際交流協会「多言語相談」相談員

改訂版 テキスト韓国語

2015 年 10 月 20 日　初　版第 1 刷発行
2019 年 3 月 30 日　改訂版第 1 刷発行
2023 年 4 月 30 日　改訂版第 2 刷発行

■著　　者──金　河
■発 行 者──佐藤　守
■発 行 所──株式会社 大学教育出版
　　　　　　〒700-0953　岡山市南区西市 855-4
　　　　　　電話(086)244-1268㈹　FAX(086)246-0294
■印刷製本──サンコー印刷㈱

© Kim Ha 2015, Printed in Japan
検印省略　　落丁・乱丁本はお取り替えいたします。
本書のコピー・スキャン・デジタル化等の無断複製は著作権法上での例外を除き禁じられています。本書を代行業者等の第三者に依頼してスキャンやデジタル化することは、たとえ個人や家庭内での利用でも著作権法違反です。

ISBN978-4-86692-010-8